Walter Moers

Sex, Absinth & falsche Hasen

Eine Weltgeschichte der Kunst

PENGUIN VERLAG

Sex, Absinth und falsche Hasen erschien erstmals 1993 unter dem Titel *Arschloch in Öl* beim Eichborn Verlag, Frankfurt am Main.

MIX
Papier | Fördert gute Waldnutzung
FSC® C004378

Klimaneutral
Druckprodukt
ClimatePartner.com/14044-1912-1001

Penguin Random House Verlagsgruppe FSC® N001967

1. Auflage 2022

Layout und Satz: Oliver Schmitt, Mainz
Der Autor dankt Carsten Sommer, der die Skulpturen geschaffen hat.
Der Verlag dankt Dennis Zetlitz, der für dieses Buch die Bildvorlagen für die gerahmten Kunstwerke angefertigt hat.
Umschlaggestaltung: Walter Moers und Oliver Schmitt
Druck und Bindung: PB Tisk, a.s., Pribram
Printed in the Czech Republic
ISBN 978-3-328-10966-2

Inhalt

Ernst ist das Leben,
heiter sei die Kunst.

Franz Kafka

Thank hell for children.

Volksmund

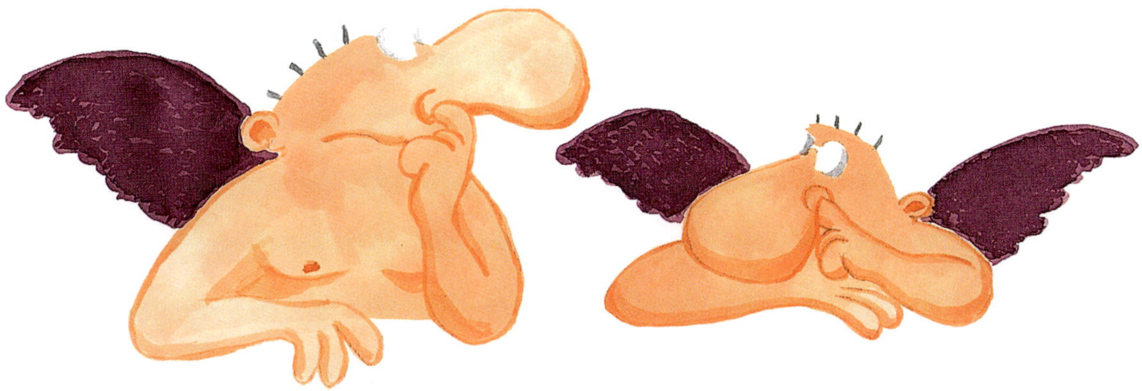

Vorwort

Das »Kleine Arschloch« in der Bildenden Kunst – ein Thema, mit dem man Museen und viele Bildbände füllen könnte. Trotzdem hat die Kunstgeschichte dieses Sujet bisher sträflich vernachlässigt. Man darf von Ignoranz sprechen, vielleicht sogar von Zensur.

Bei der kaum überschaubaren Menge des vorhandenen Materials, das in den Archiven schlummert, musste eine strenge Auswahl getroffen werden, die gezwungenermaßen subjektiv bleibt. Sie kann bei einem Katalog von so schmalem Umfang nur Stückwerk sein. Unberücksichtigt bleiben mussten zahlreiche Künstler, darunter so bedeutende wie Praxiteles und Zeuxis, Salvador Dali und Francisco de Goya, Joseph Beuys und Adolf Hitler, um nur die wichtigsten zu nennen. »Sex, Absinth & falsche Hasen« – das klingt wie eine verlockende, appetitanregende, aber bescheidene Vorspeise. Und mehr will und kann dieses bescheidene Werk auch nicht sein, nicht mehr als ein amuse gueule, ein Gaumenkitzler, der Appetit macht auf das ganze Menü.
Es ist höchste Zeit, dass sich auch die Kunstwelt mit diesem anregenden Thema näher beschäftigt. Mit diesem Buch ist zumindest ein Anfang gemacht.

Walter Moers

Wie alles anfing

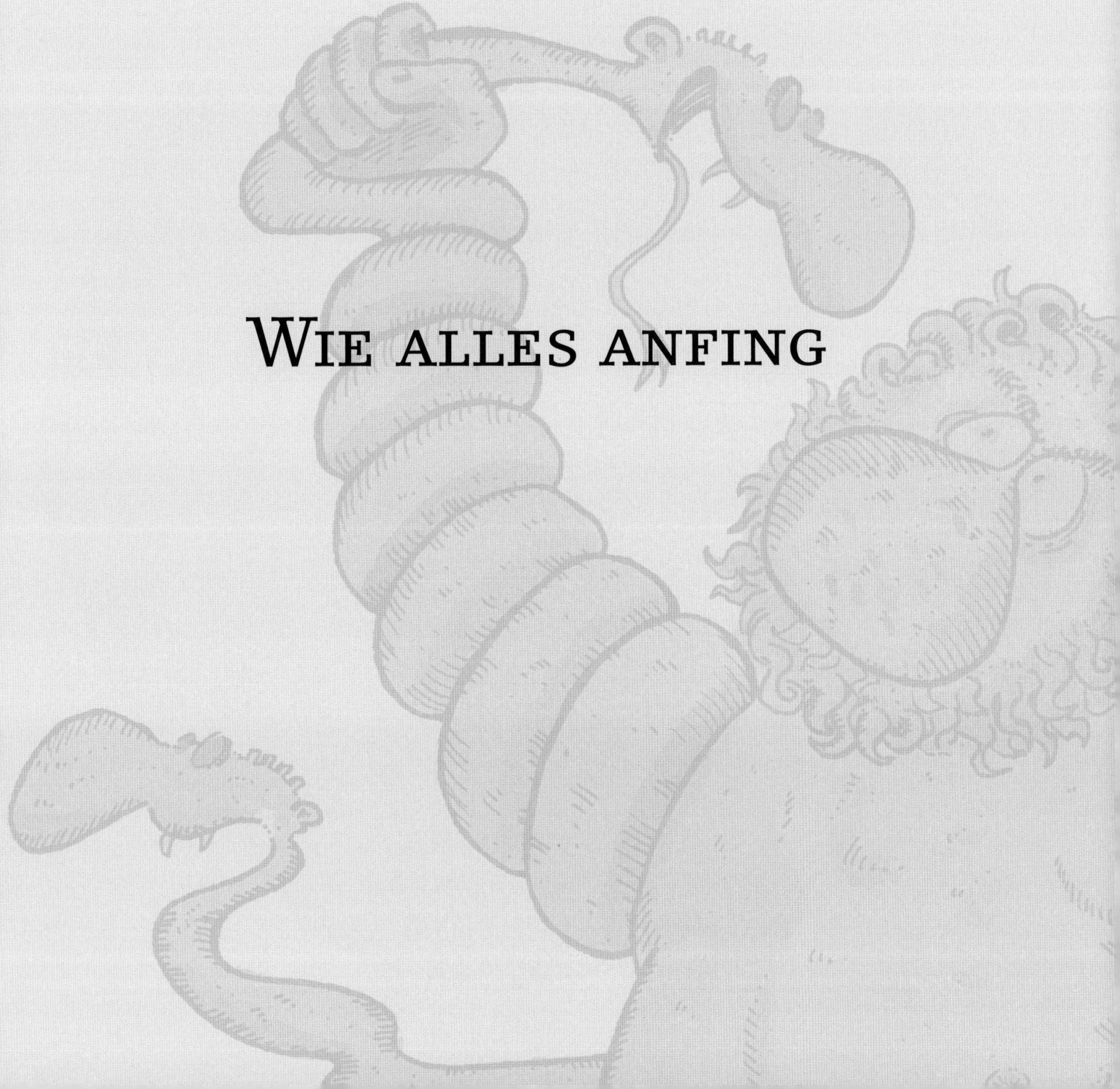

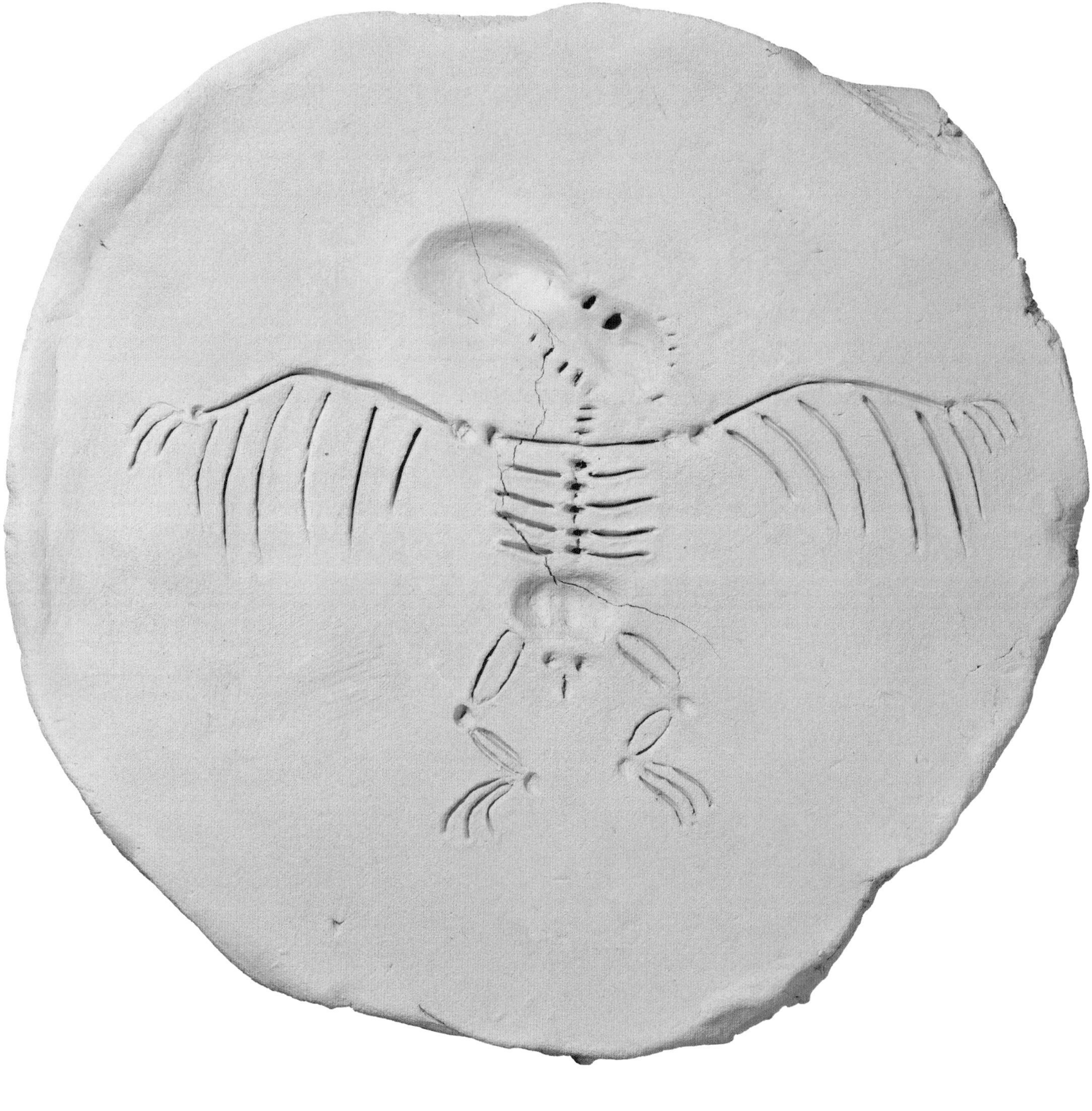

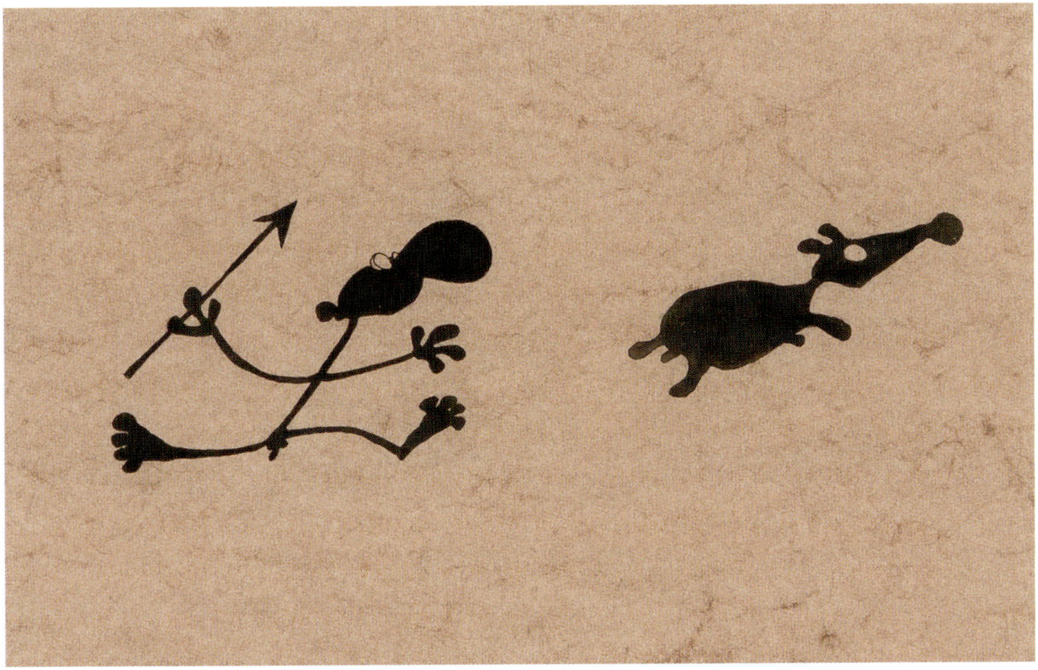

◂ **Der Arschsaurier**

Die schönsten Kunstwerke schafft immer noch die Natur. Dieser Sandsteinabdruck eines Arschsauriers (Anus anus) entstand vor 64 Millionen Jahren. Mit einer Flügelspannweite von 22 Zentimetern war der Arschsaurier wahrscheinlich die kleinste Flugechse seiner Zeit. Trotz seiner mangelnden Ausmaße gilt er als die Geißel des Mesozoikums – selbst der gewaltige Tyrannosaurus Rex fürchtete angeblich die Auseinandersetzung mit dem Kleinsaurier.

▴ **Höhlenzeichungen**

Ein frühzeitlicher Jäger auf der Mammutjagd. Noch wirkt die Figurenzeichnung unbeholfen, die Größenverhältnisse falsch und das Mammut erinnert an einen kleinen Hund. Und doch ist es bereits Kunst.

Der Astronaut von Maui Maui

Keine Millionen, aber immerhin 20000 Jahre alt ist diese Kreidezeichnung auf den schwarzen Lavafelsen von Maui Maui (Hawaii). Wirklich sichtbar wird diese Figur erst aus 2000 Metern Höhe – der Durchmesser des Bauches allein beträgt vier Kilometer. Eigentlich war eine solche schöpferische Leistung mit den damaligen technischen Möglichkeiten nicht zu bewältigen, weshalb selbst ernstzunehmende Wissenschaftler nicht ausschließen, dass das Werk von Außerirdischen stammt. Bei näherer Betrachtung findet man weitere Indizien: Die Figur hat an jeder Hand nur vier Finger, an den Füßen nur vier Zehen, dafür aber drei Beine – Grüße aus dem Weltall?

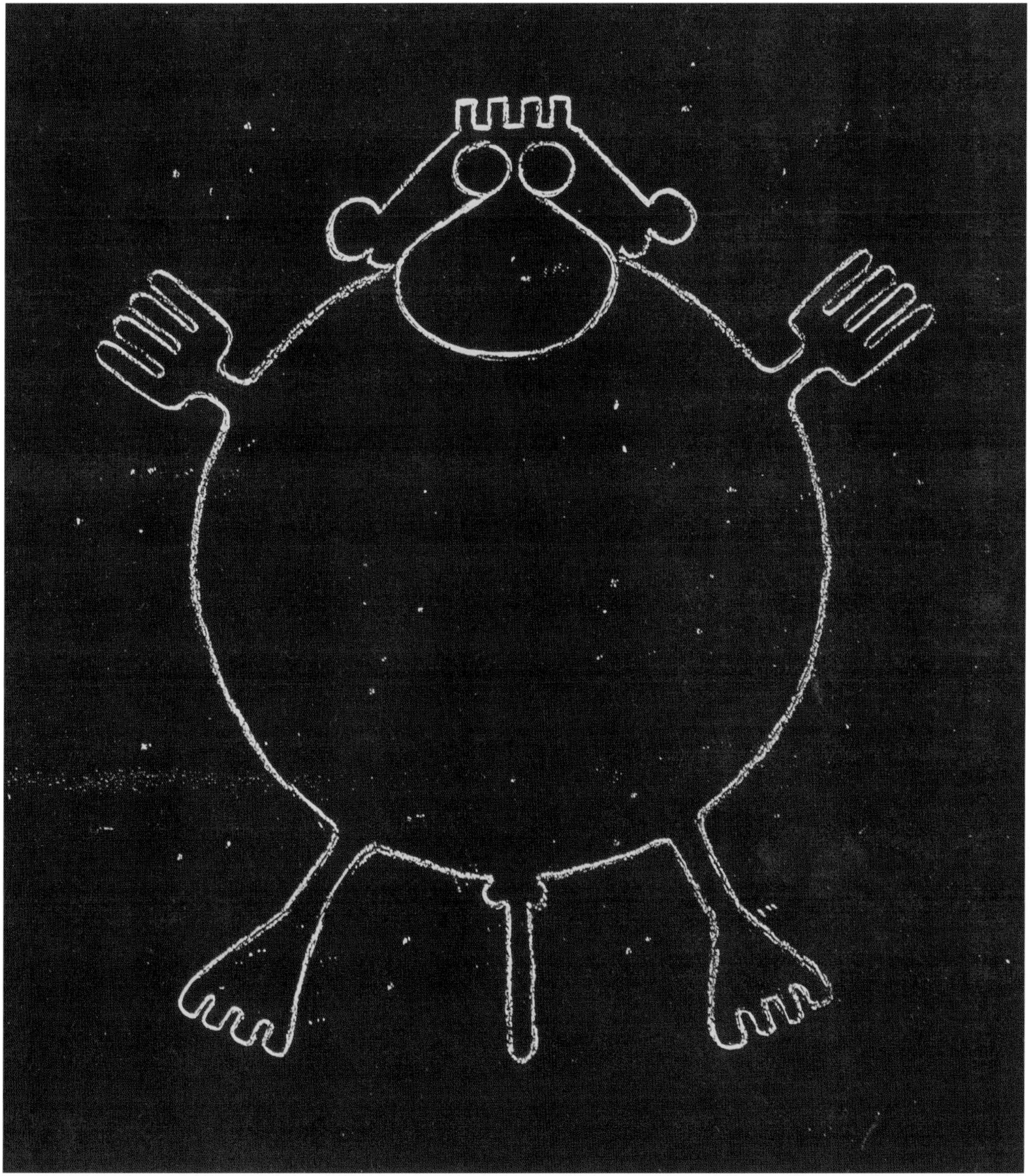

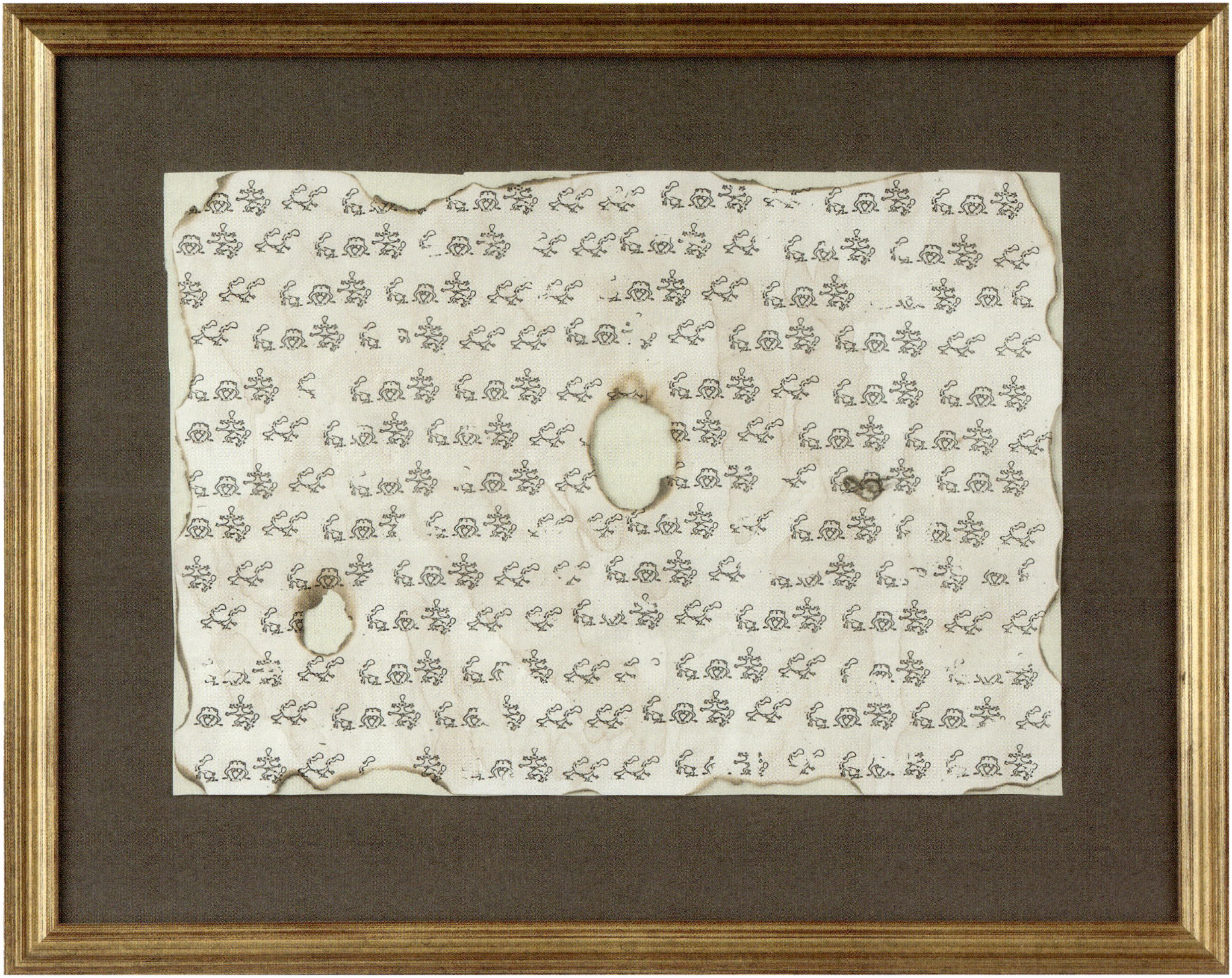

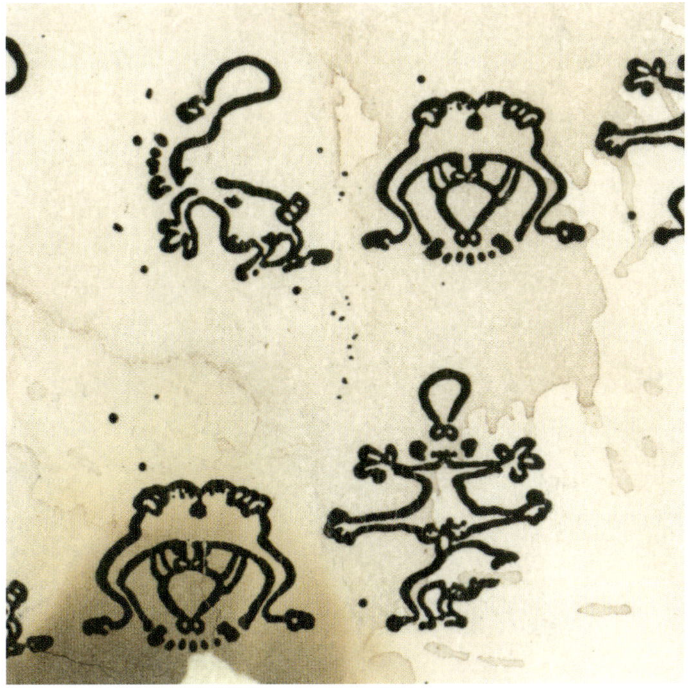

Der Papyrus von Moussaka

Die Kriechen sind das älteste Kulturvolk der Erde. Sie bewohnten Hellas schon lange vor den Griechen (mit denen sie gelegentlich verwechselt werden), bis sie von ihnen in der verheerenden Schlacht bei Piräus vernichtend geschlagen und ausgerottet wurden. Die Kriechen gelten als die Erfinder des Olivenöls, der Philosophie und des Analverkehrs. Das einzige erhaltene Kulturzeugnis dieses Volkes ist der Papyrus von Moussaka. Lange hielt man ihn für eine politische Rede oder ein philosophisches Manifest, bis das französische Sprachgenie Champollion den Text entschlüsselte. Es handelt sich eigentlich nur um vier verschiedene Vokale: a, o, i und e. Wörtlich übersetzt bedeutet der Text: »Aaaaoooeeiiieeeiiooo …« usw. und ist nichts anderes als das wortwörtliche Protokoll eines längeren Geschlechtsverkehrs, ausgeführt vermutlich von mehreren Angehörigen des Königshauses.

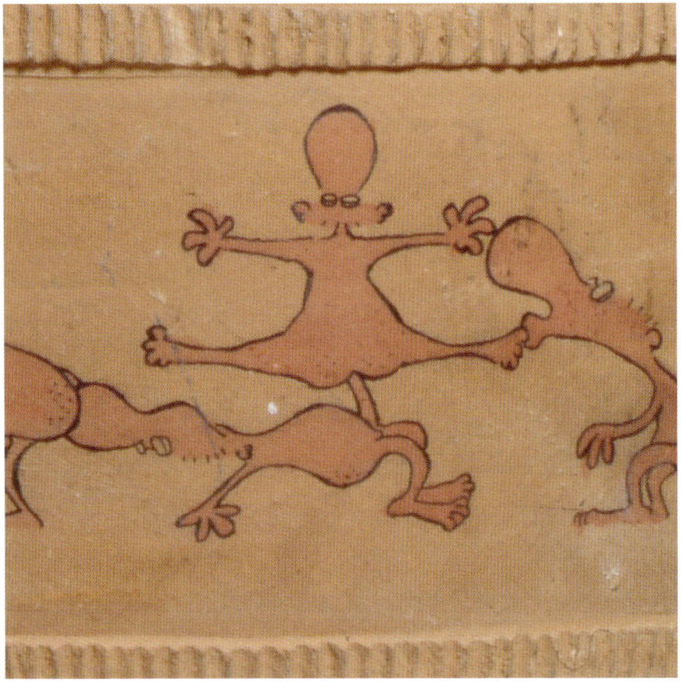

Griechische Fickvase

Die alten Griechen selbst haben nichts weiter hervorgebracht als salzigen Schafskäse, schweren Lakritzschnaps und ein paar schlecht bemalte Vasen mit obszönen Motiven, von denen schon nach kurzer Zeit die Farbe abblättert und hier eine nur der Vollständigkeit halber abgebildet ist.

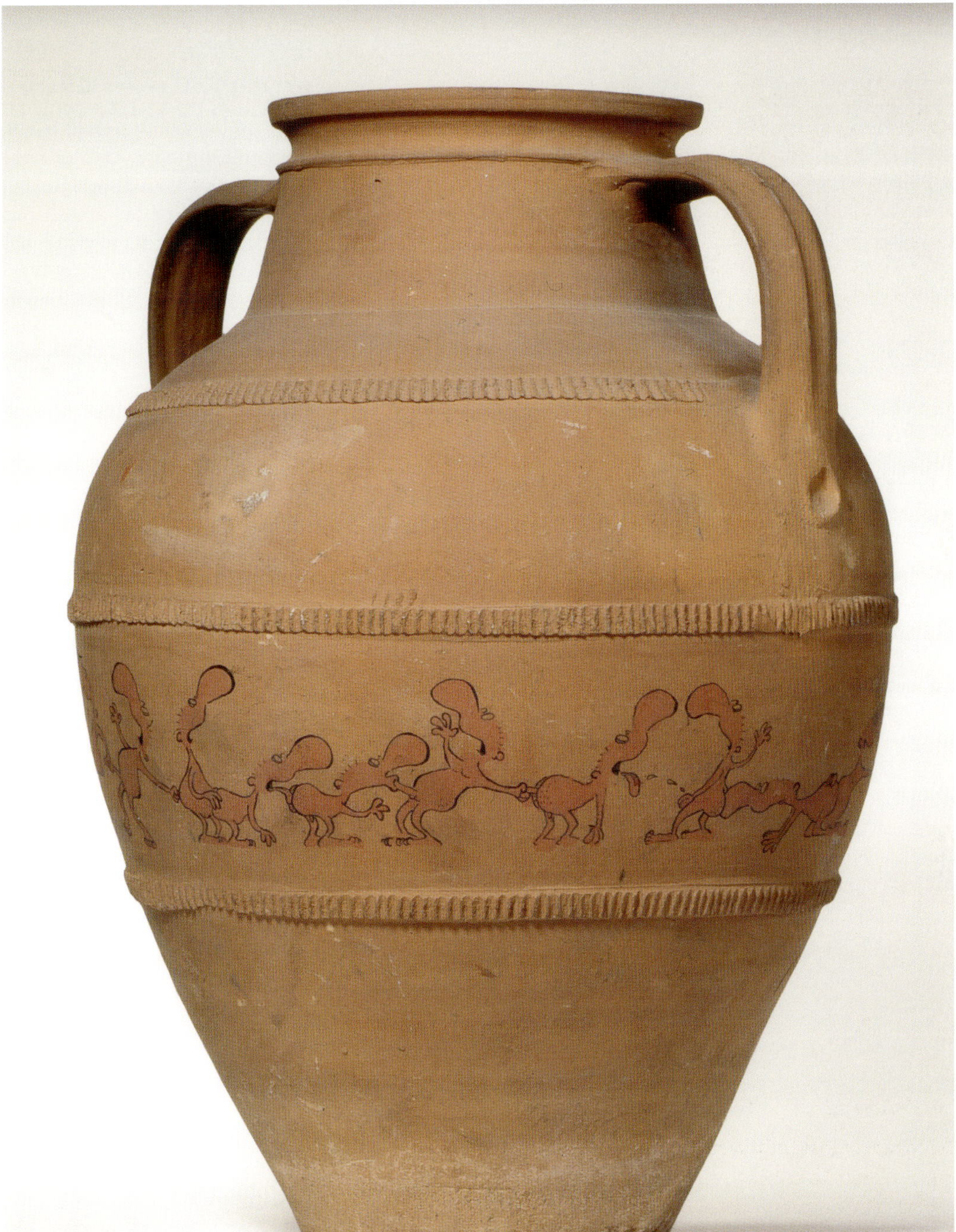

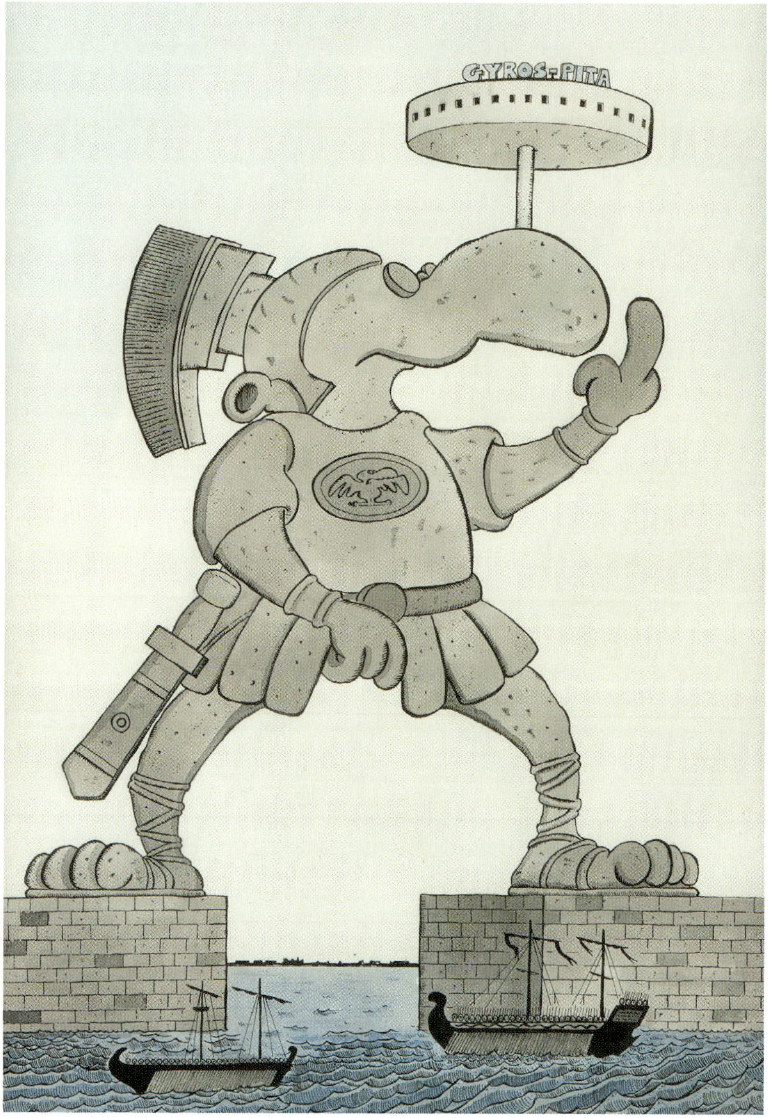

◂ **Der Koloss von Rhodos**

Als eines der sieben Weltwunder gilt der heute nicht mehr existente Koloss von Rhodos. 60 Meter hoch soll er gewesen sein; das erste drehbare Schnellrestaurant an seiner Spitze, für damalige Zeiten ein Wunderwerk der Technik, nicht mitgerechnet. Er sollte die Hafenstadt Rhodos beschützen und ein weit sichtbares Signal der Wehrhaftigkeit setzen. Man sagt, sein Anblick sei so grauenerregend gewesen, dass nicht nur feindliche Schiffe, sondern auch alle anderen einen weiten Bogen um die Hafenstadt machten, was zu Hunger, Not und schließlich zum Abriss des Kolosses führte. So könnte er ausgesehen haben.

▸ **Laokoon-Gruppe**

Während auf diesem ersten Entwurf für die Laokoon-Skulptur noch ganze 13 Schlangenhäupter zu sehen sind, war es bei dem endgültig ausgeführten Marmorstandbild nur noch eins, was der Harmonie der Komposition auch gut bekommen ist. Weniger ist eben manchmal mehr, das wussten schon die alten Römer.

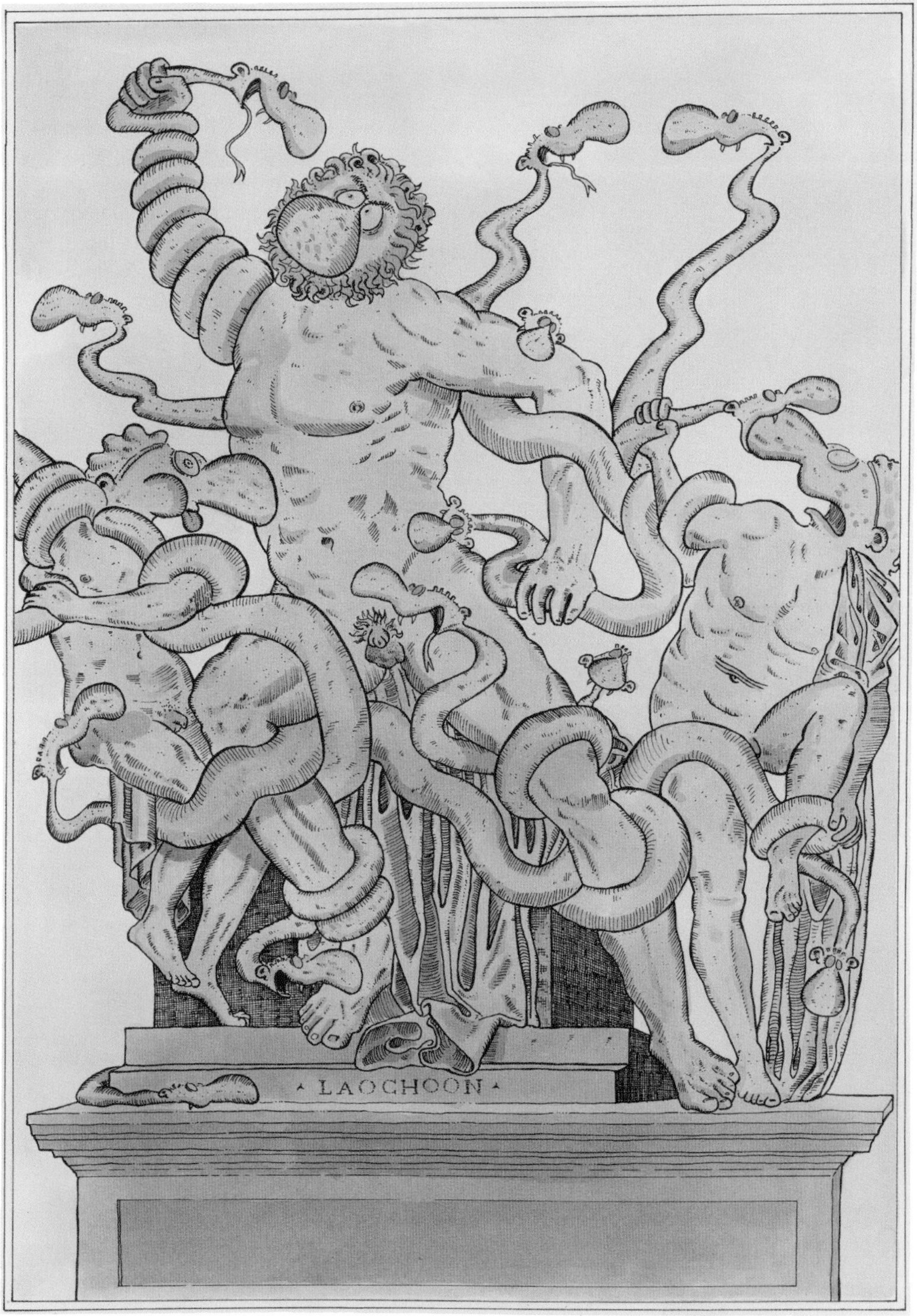
LAOCHOON

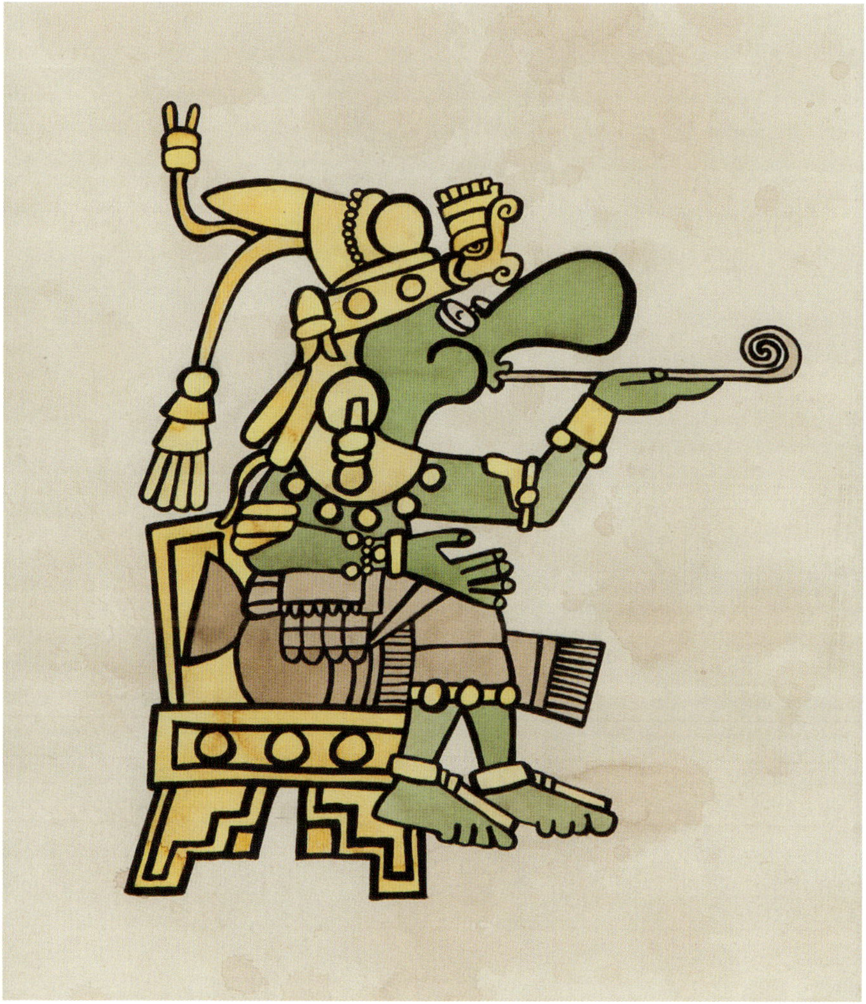

Ulktekl, Scherzgott der Mayas

So heiter diese Gottheit auf den ersten Blick erscheinen mag, so grausam waren die heidnischen Rituale, die die Mayas zur Gnädigstimmung Ulktekls veranstalteten. Jedes Jahr zur Sonnenwende wurden sieben erstgeborene Jünglinge an einen Opferstein gebunden, und alle Scherze, die an diesem Abend gemacht wurden, gingen auf ihre Kosten. So manch ein junger Maya hat dabei nicht nur seinen Verstand, sondern auch seinen Humor verloren.

Das dunkle Zeitalter

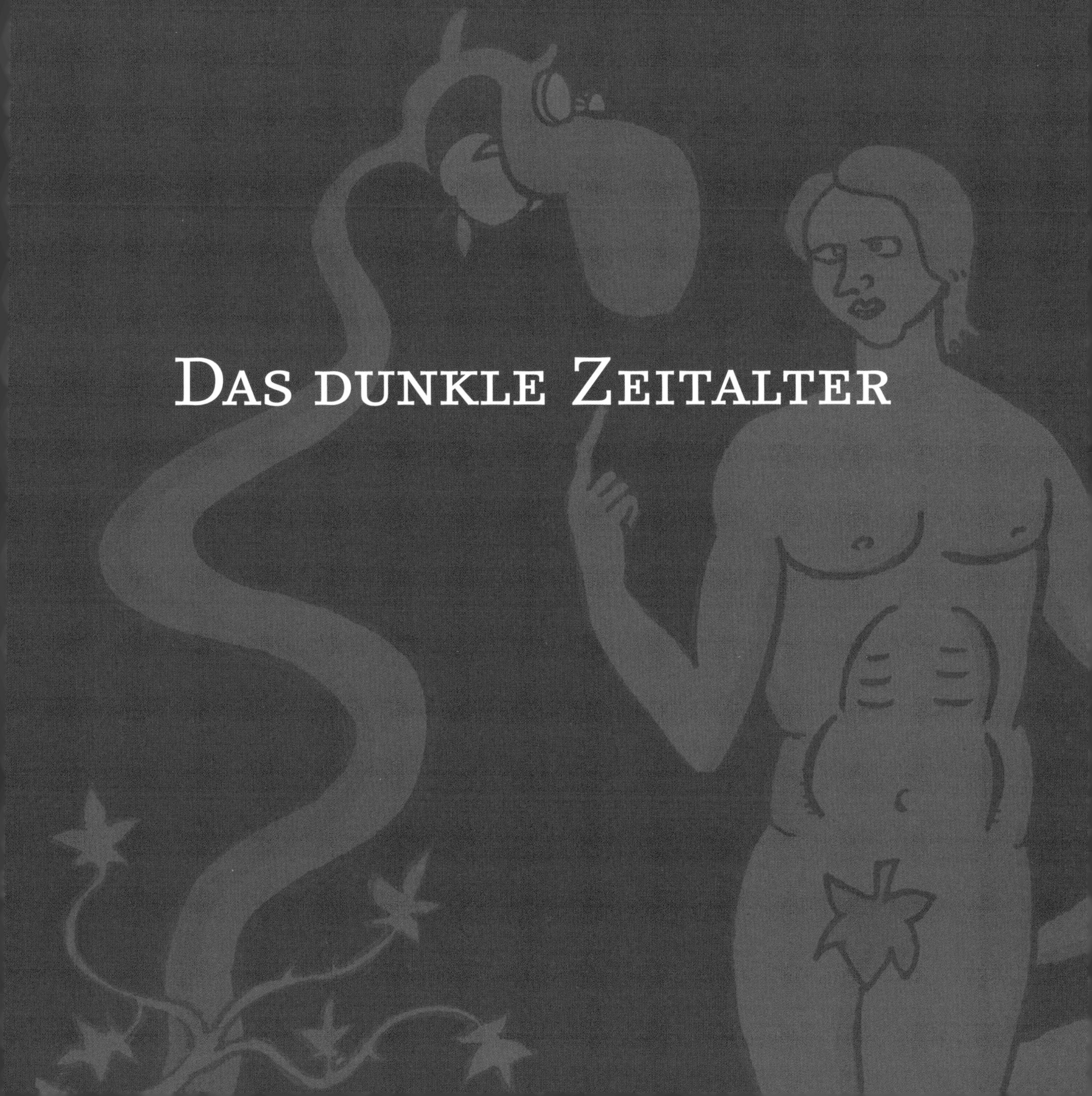

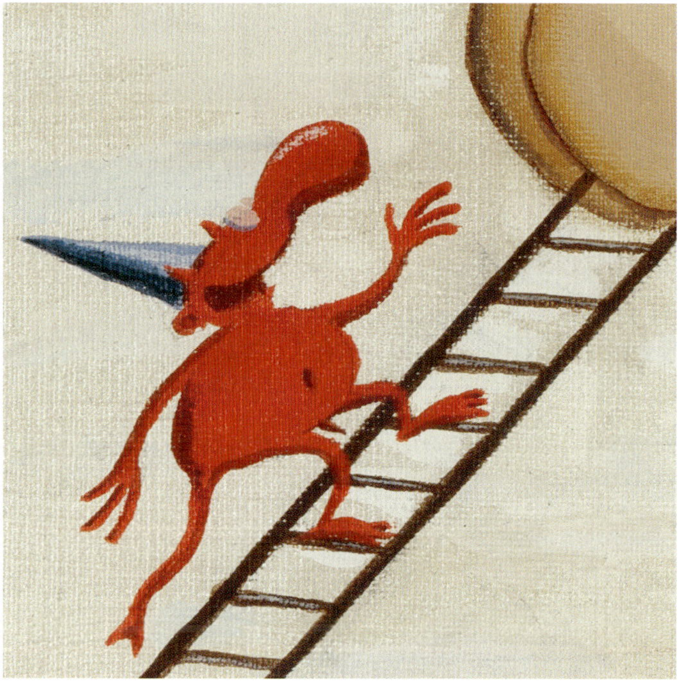

Hieronymus Bosch, »De Kuitenknijper«

Der »Kuitenknijper« ist eine niederländische Sagengestalt, die, dem Volksglauben nach, alljährlich im Winter kommt, um, nun ja, die Kuiten zu knijpen. Bosch nimmt diese bäurische Mär zum Anlass, ein allegorisches Gemälde von drastischer Komik zu schaffen, in dem geschickt einige bissige Attacken auf die herrschenden politischen Verhältnisse versteckt sind. Der rechte Fuß des Kuitenknijpers steckt in einem Fettnapf – ein deutlicher Wink des aufgeklärten Malers, dass man sich mit reaktionärer Politik auf Glatteis bewegt –, tatsächlich stellt er seine Figur auch noch auf eine Eisfläche. Die Leiter im After ist ein satirischer Hieb auf die opportunistische Haltung der Politiker zum Königshaus, der Trichter auf dem Kopf symbolisiert die geisteskranke Innenpolitik, der Pfeil im Ohr sieben Jahre Rezession. Das Brot steht für die kränkliche Situation der Bäckerzünfte (es muss getragen werden), das Messer an der Nase ist kaum zu deuten. Und die Christbaumkugel? Nun, es wird wohl Weihnachten sein.

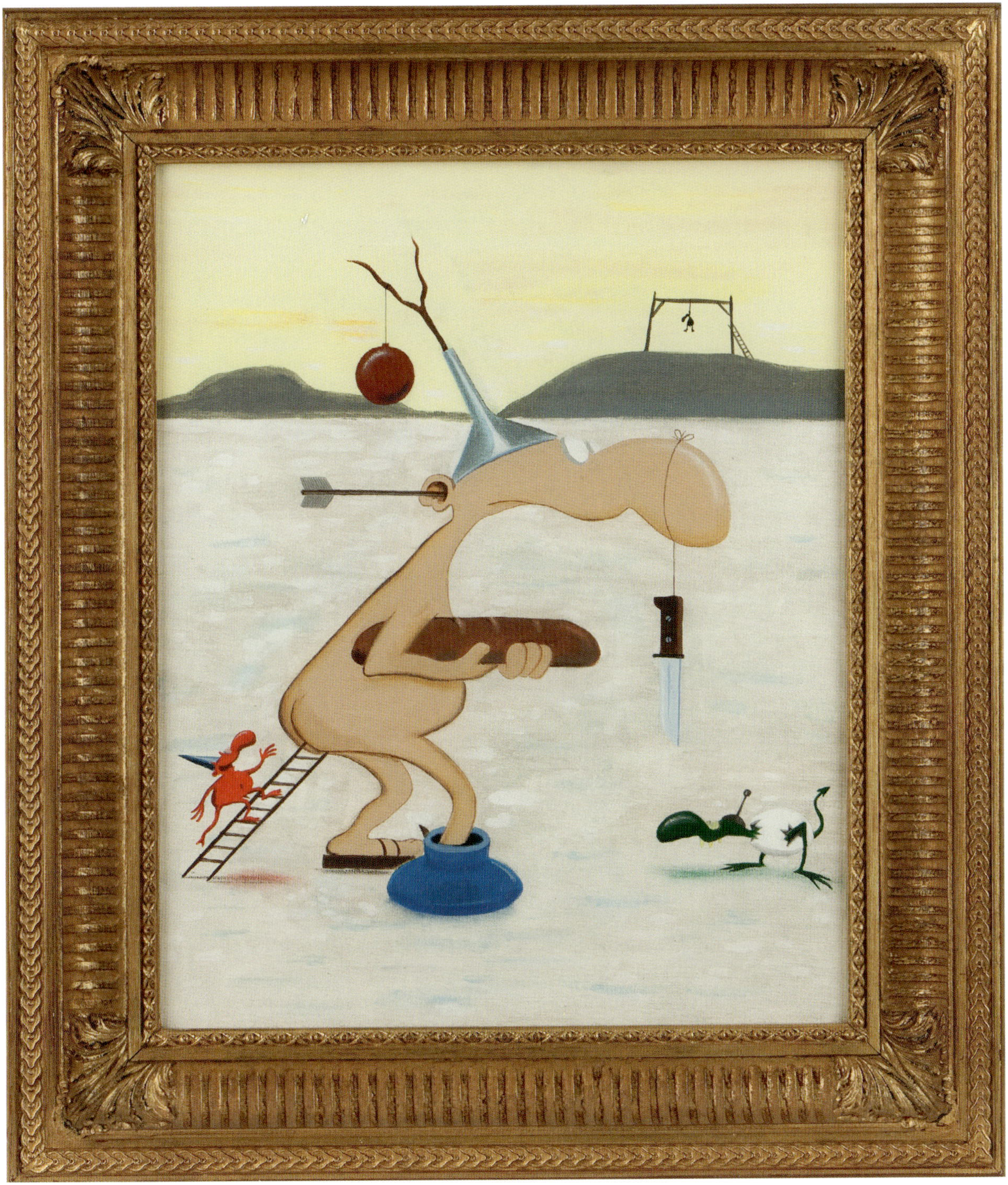

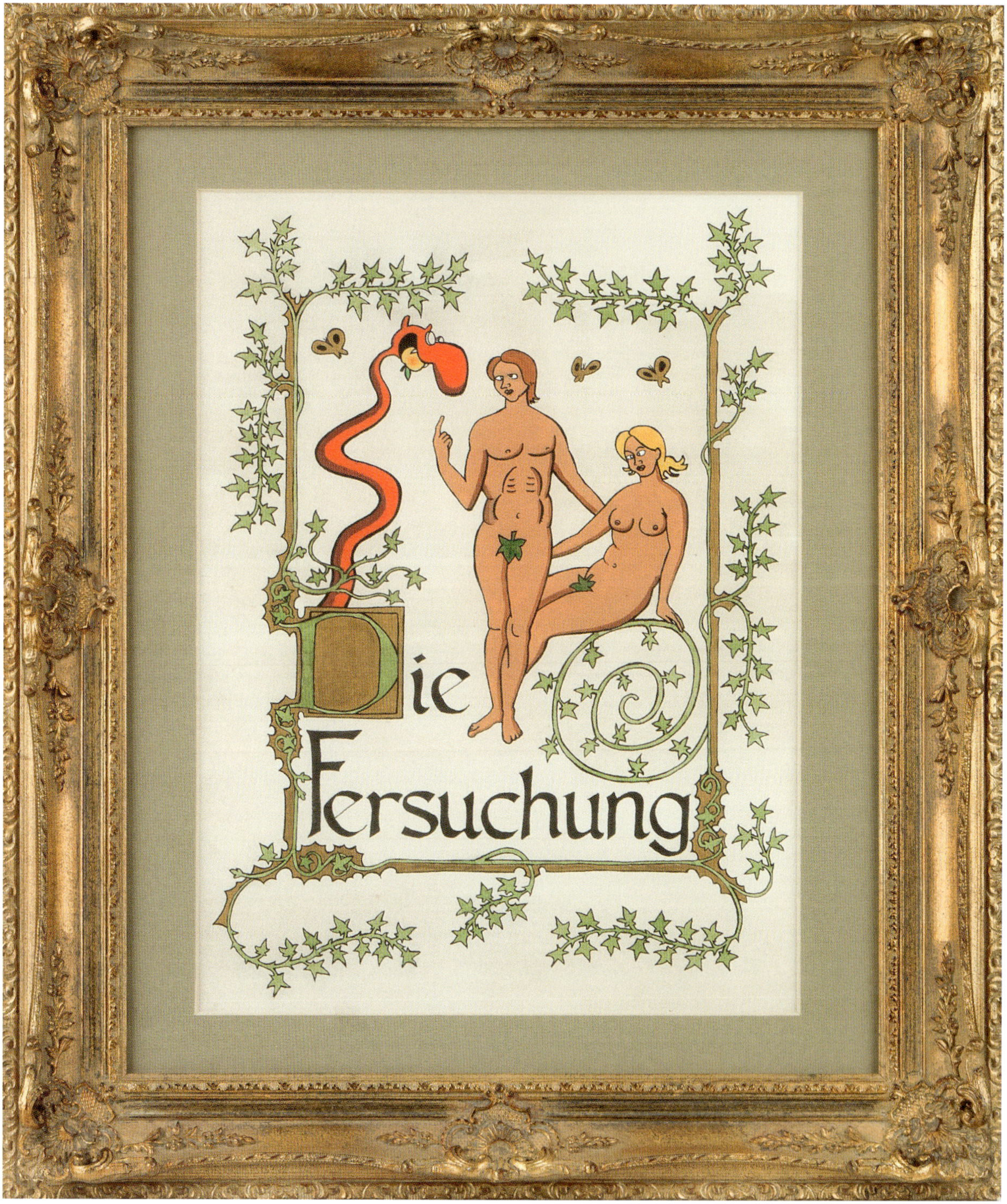
Die
Fersuchung

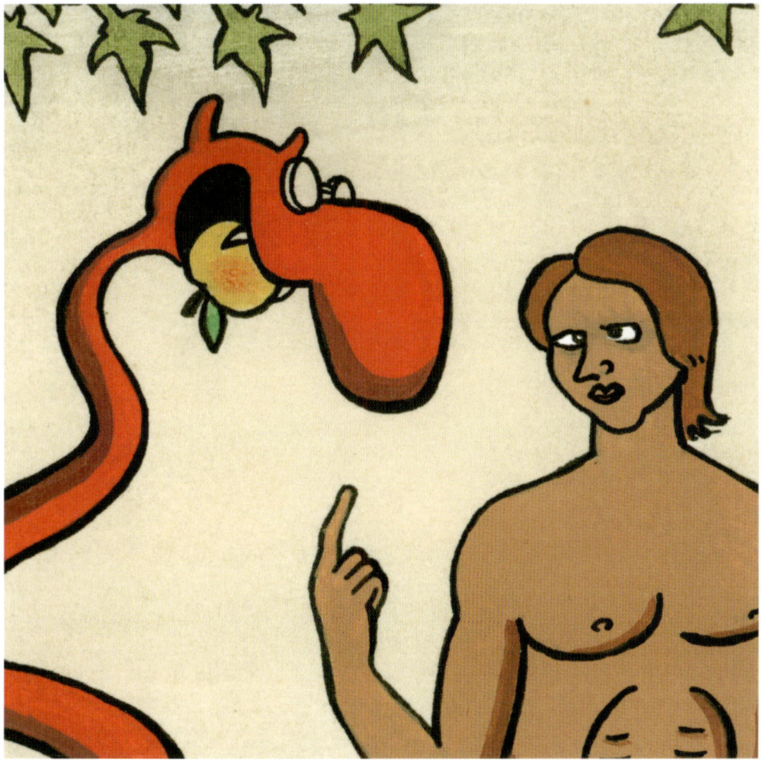

Die Biebel, Kapitel »Die Fersuchung«

»Die Biebel« ist eine Handschrift aus dem 14. Jahrhundert, ausgeführt von den Legasthenikermönchen von St. Kapellen. Die Mönche verehren den Hl. Pehtruß, den Schutzheiligen der Rechtschreibschwächlinge.

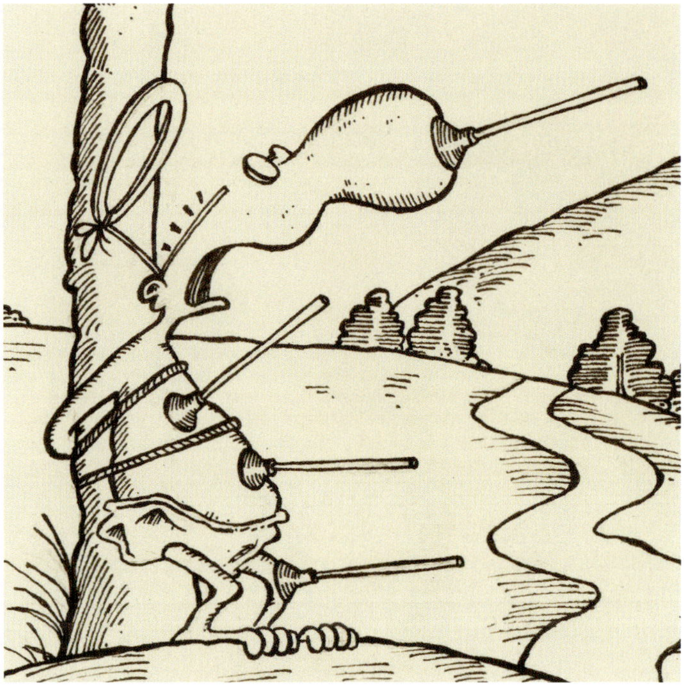

Albrecht Dürer, »Der falsch mertyrer«

Simuliertes Märtyrertum war eine im Mittelalter weit verbreitete Variante der Bauernfängerei. Ganz und gar unheilige Vagabunden, oft gescheiterte Studenten der Theologie, nutzten die Unwissenheit der Landbevölkerung, um sich als populäre Märtyrer auszugeben und so Almosen zu erschleichen. Dürer schneidet diesen Missstand entrüstet in Holz.

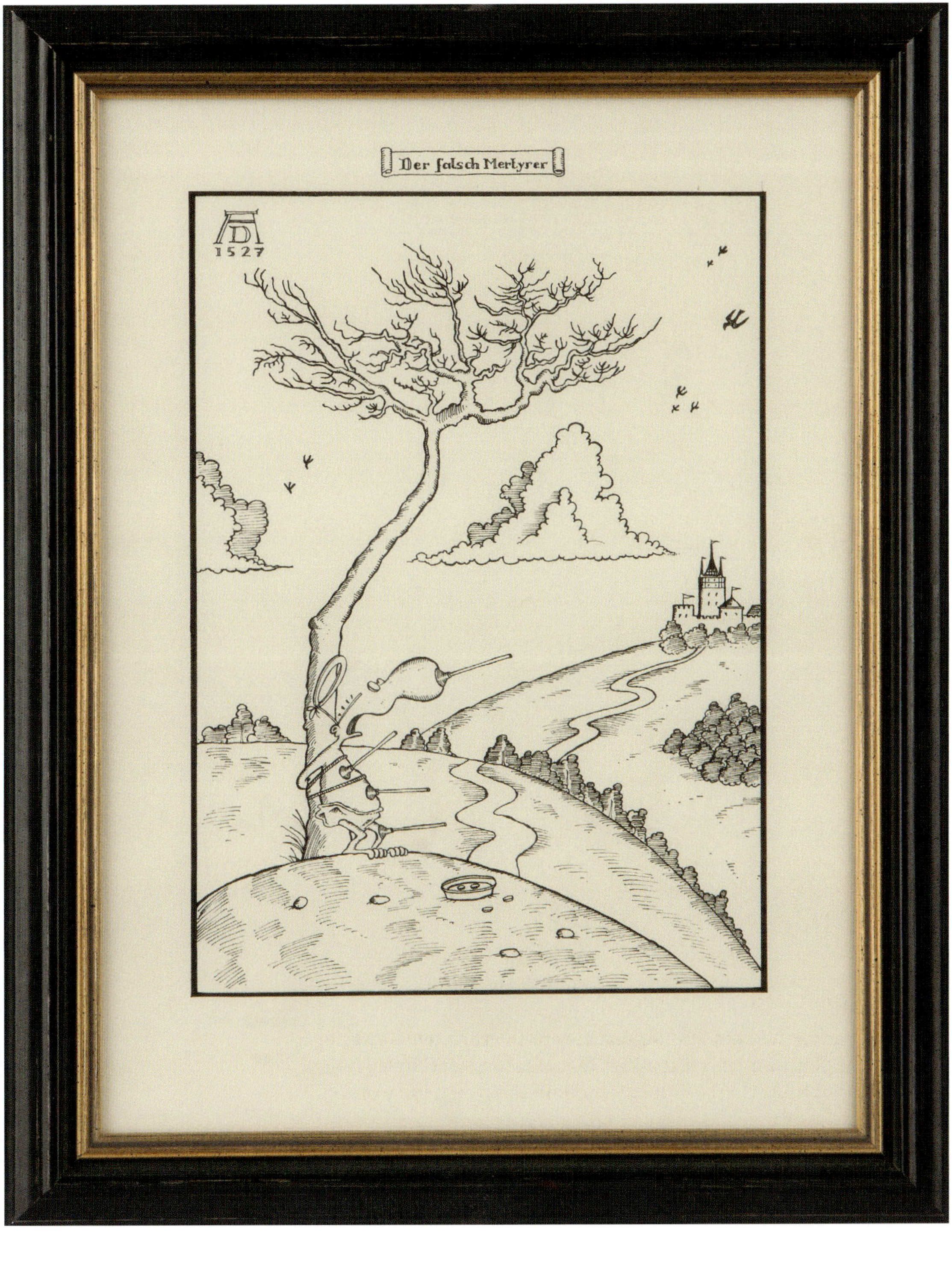
Der falsch Mertyrer
AD
1527

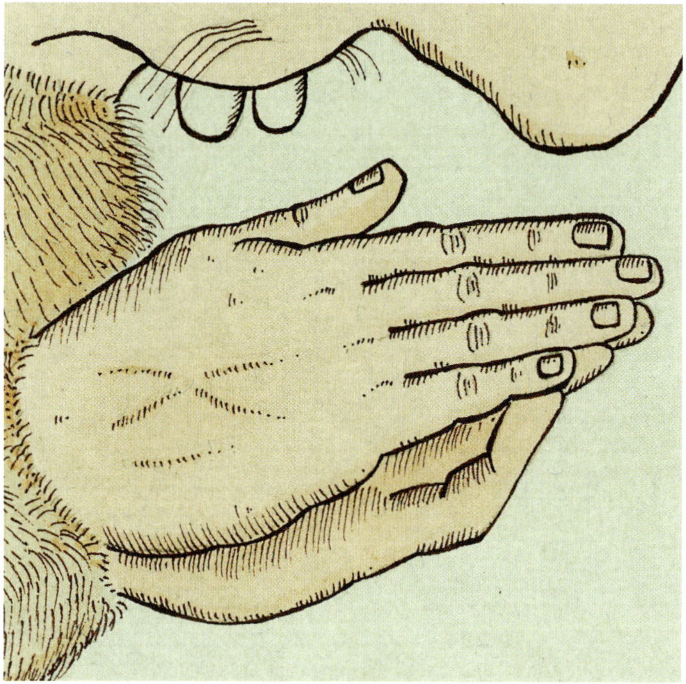

Albrecht Dürer, »Der betende Hase«

»Der betende Hase« ist sicher eines der unbekannteren Bilder Dürers, obwohl darin die Grundlagen für zwei seiner populärsten Werke liegen, »Die betenden Hände« und »Der Feldhase«. Nach Fertigstellung des »Betenden Hasen« entschied Dürer sich dafür, die beiden Kernmotive des Bildes einzeln zu verwenden. »Zweyn pilder pringen zweyfach fil thaler denn eyns«, bemerkte Dürer in diesem Zusammenhang, wohl ahnend, dass er damit in Sachen Kommerzialisierung der Kunst einen radikalen Schritt in Richtung Moderne vollzog.

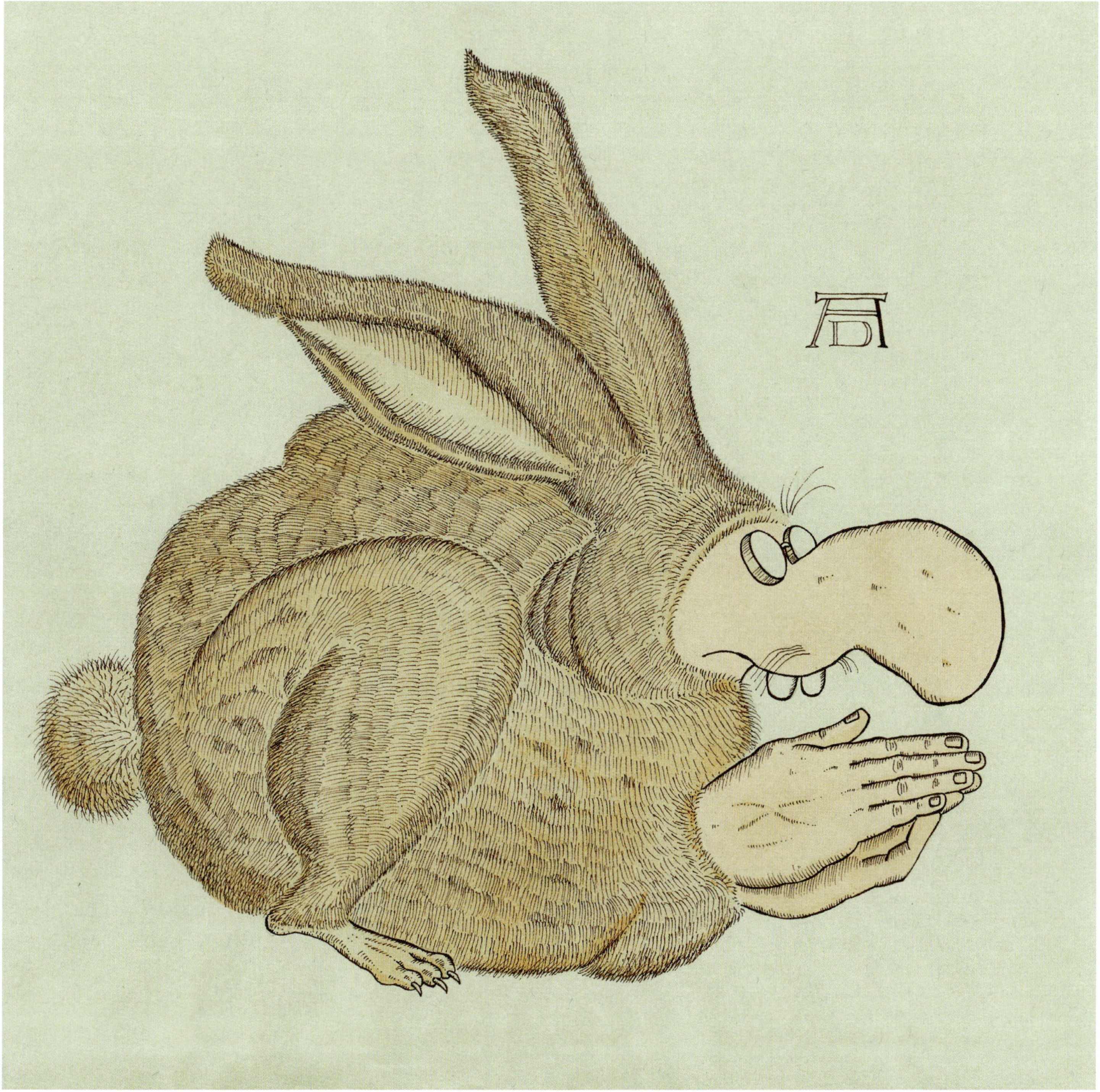

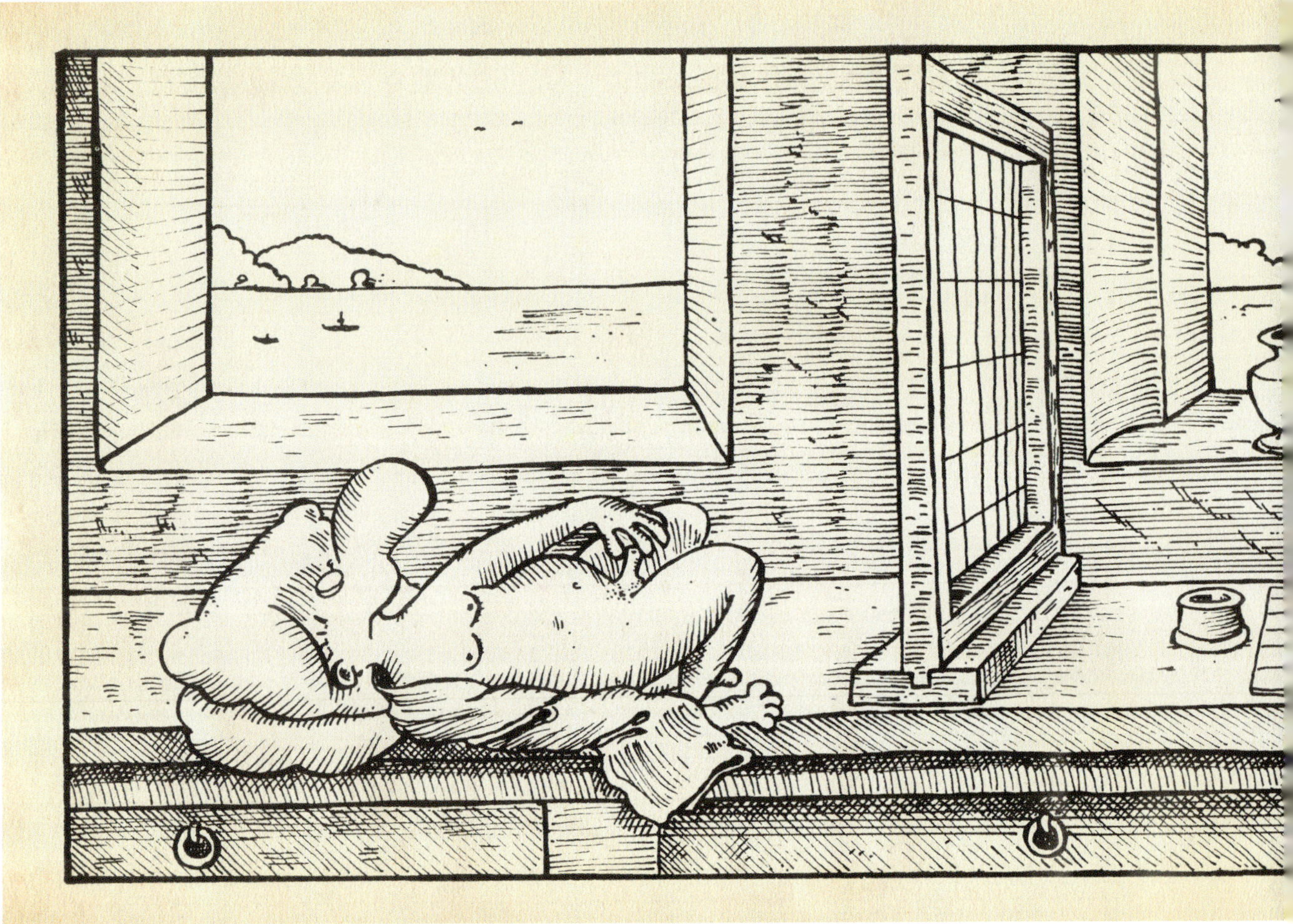

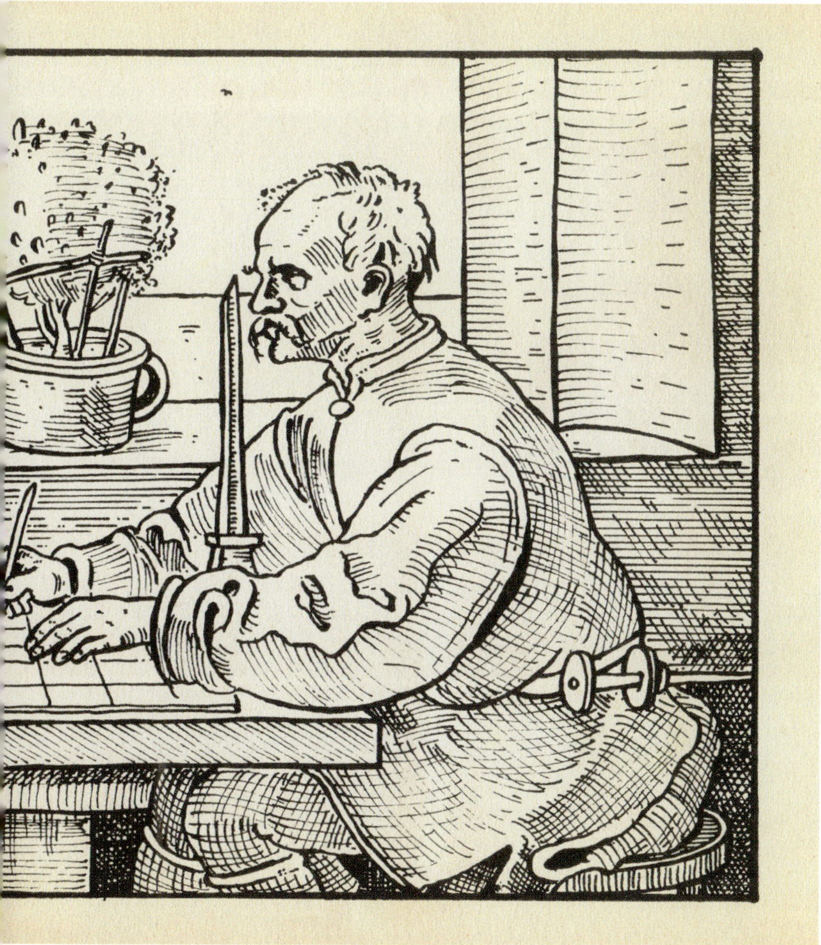

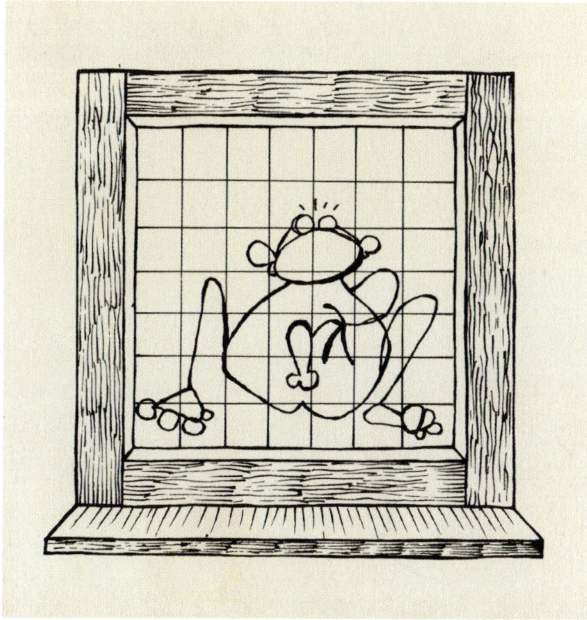

Albrecht Dürer, »Arschlochzeychnen«

»Arschlochzeychnen – leycht gemacht« war der etwas reißerische Titel von Dürers Anleitung für Hobbyzeichner, die als erste ihrer Art in der Geschichte der Grafik gelten darf. Auch hier zeigt sich wieder Dürers Gespür für Trends und seine Geschäftstüchtigkeit: Seit der Einführung der Windmühlen in die Landwirtschaft und der Erfindung des Spinnrockens hatte der Mensch des ausklingenden Mittelalters mehr Zeit für sich selbst. Dürer erkannte das Bedürfnis nach Freizeitbeschäftigung und Selbstverwirklichung und kombinierte dies geschickt mit erotischen Motiven. Die Rechnung ging auf: »Arschlochzeychnen – leycht gemacht« wurde eine der meistgelesenen Schriften des ausgehenden Mittelalters. Über die Wirkung lässt sich allerdings streiten, wie die beigefügte Zeichnung eines zeitgenössischen Hobbyzeichners zeigt.

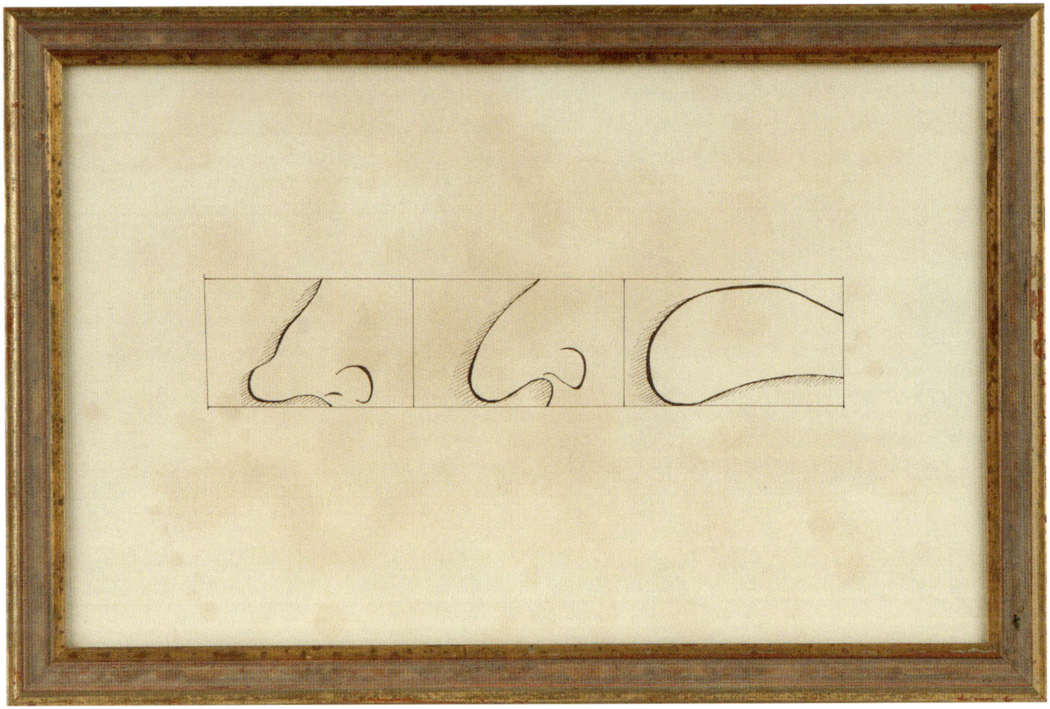

Leonardo da Vinci, Aus den geheimen Tagebüchern

Leonardo da Vincis universelles Genie erleuchtet die Finsternis des Mittelalters und weist in eine neue Zeit. Zumindest, was seine sexuellen Praktiken anging, war er seiner Zeit um Jahrhunderte voraus. Da Vinci pflegte seine Tagebücher in Spiegelschrift abzufassen, eine Tatsache, die die Kunstexperten lange beschäftigt hat. Wenn Sie jedoch diese Seite vor einen Spiegel halten und ein wenig des Italienischen mächtig sind, werden Sie sehen, dass das Multigenie ganz einfach einiges zu verbergen hatte. Auch diese Nasenstudien sprechen eine deutliche Bildsprache.

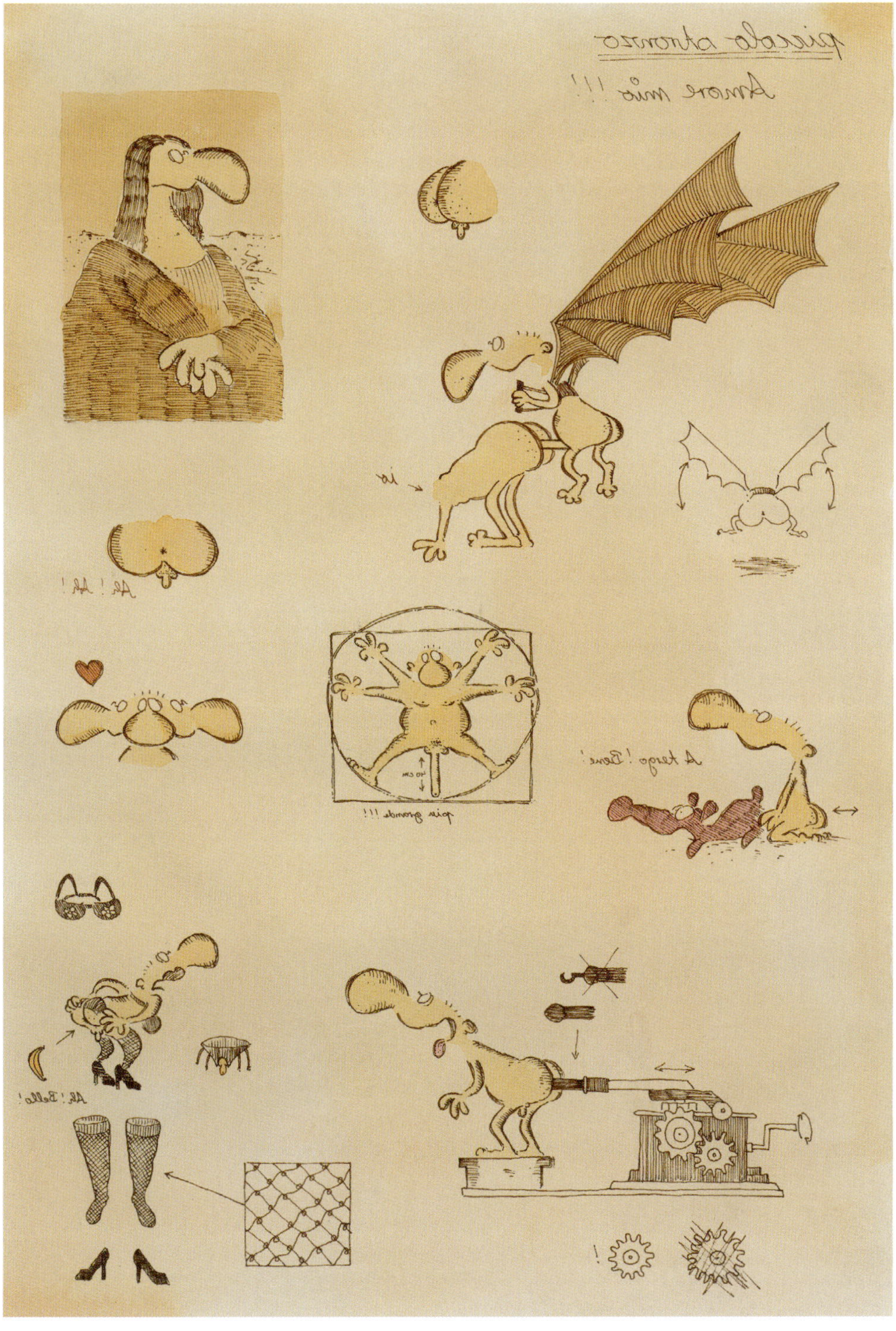

Amore mio !!!
io
Ah! Ah!
40 cm
più grande!!!
A tergo! Bene!
Ah! Bello!

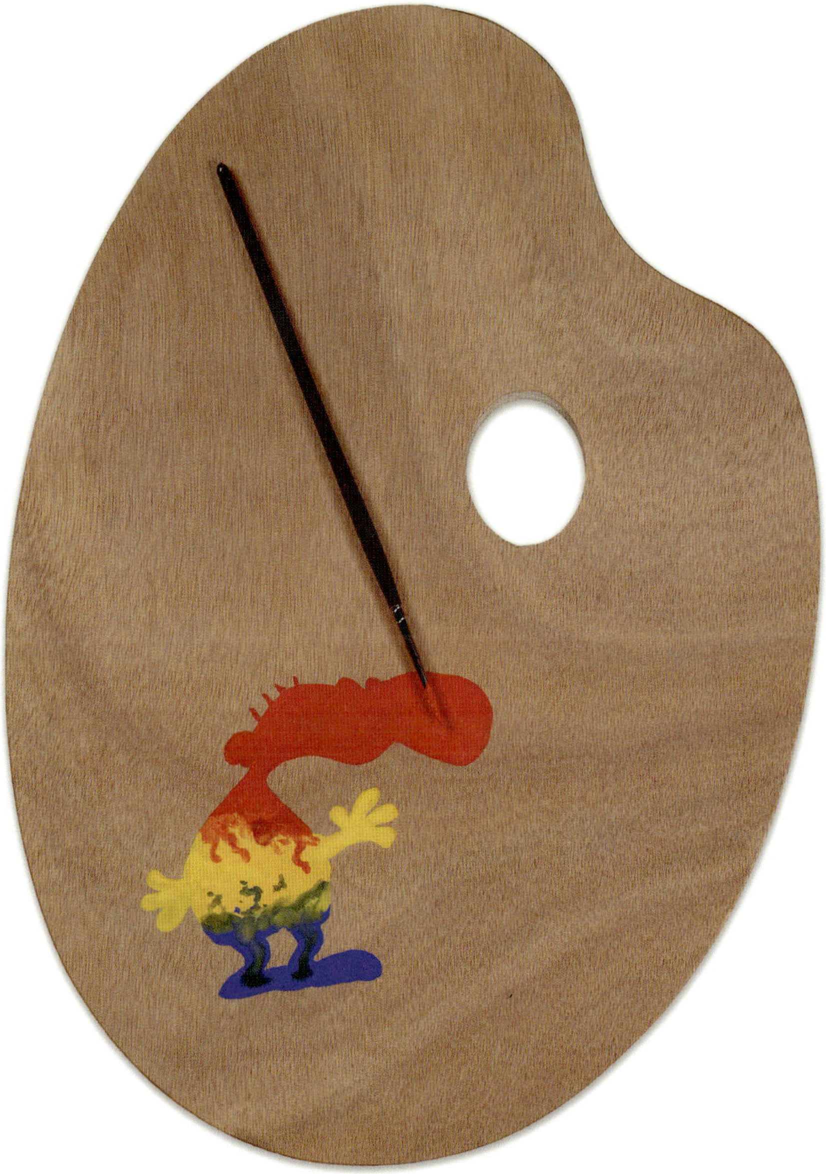

Das Palettenmirakel von Palermo

Am 14. Februar 1394 erschien dem ansonsten bedeutungslosen Freskenmaler Rocco Zeffirelli ein Kleines Arschloch auf seiner Palette. Er wechselte darauf umgehend den Beruf und ging in den Untertagebergbau. Seither ist die Palette alljährlich zu Pfingsten ein Anziehungspunkt für Tausende von Pilgern aus aller Welt, weil sie dann angeblich für mehrere Stunden eitert.

Asien

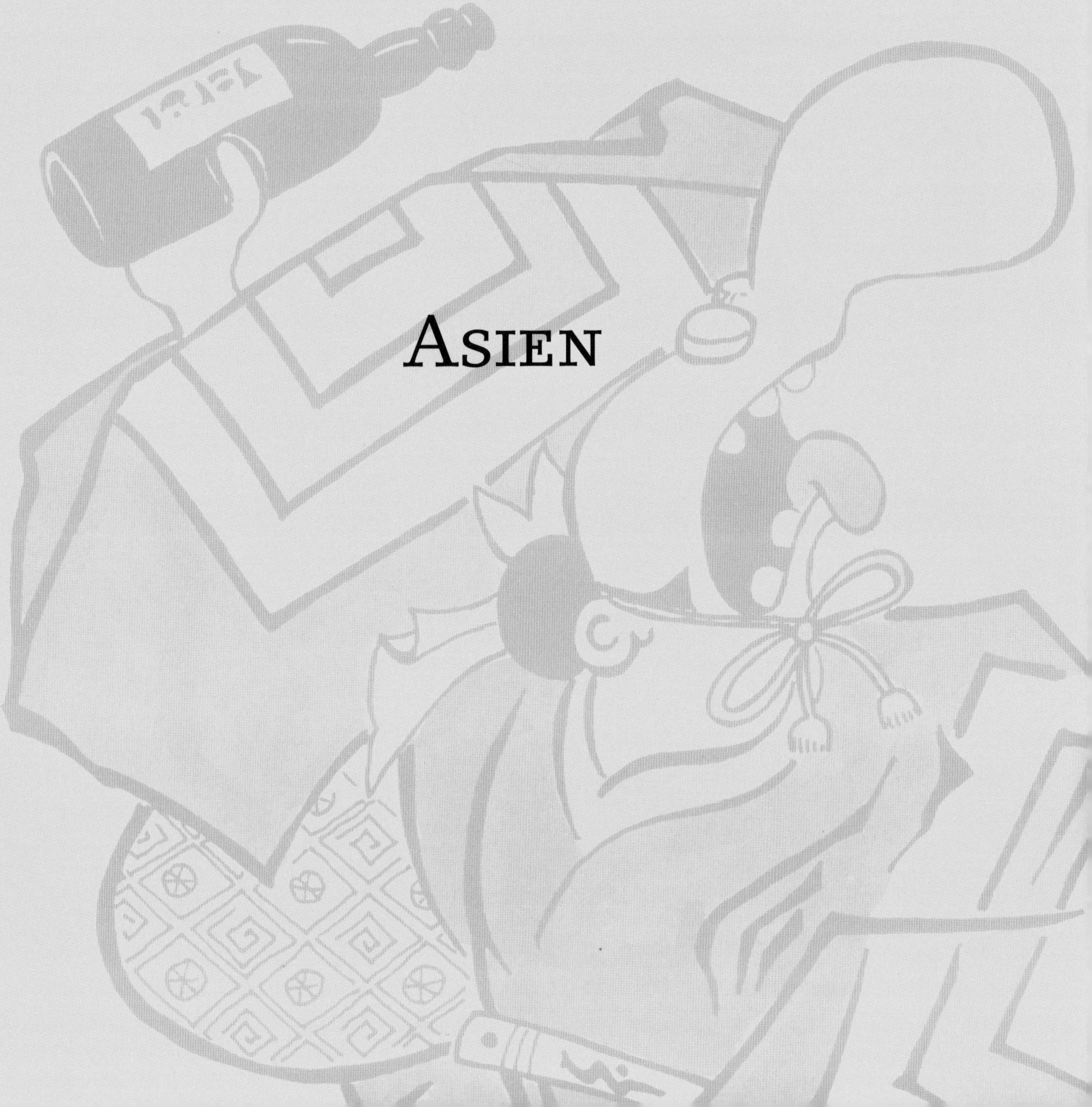

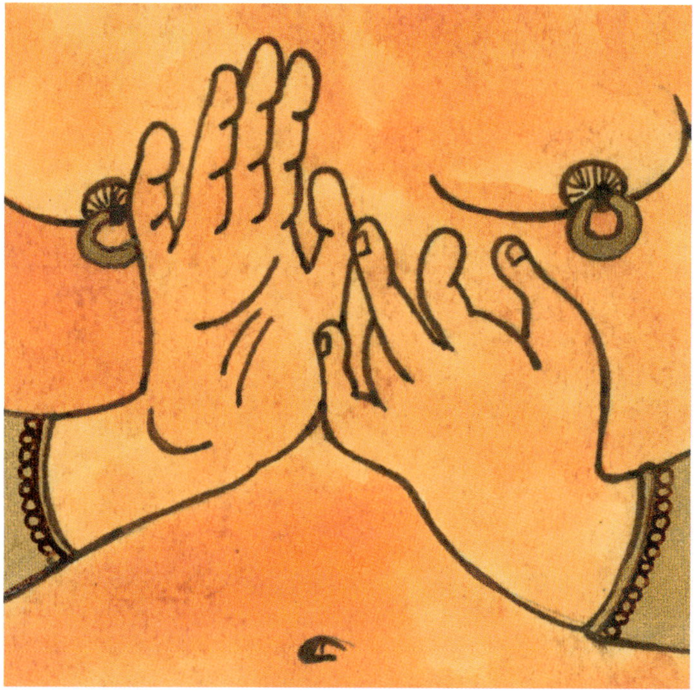

»Buddha bestellt vier Pils«

Auf diesem Buddhabildnis aus dem Mahabodhi-Tempel demonstriert die heitere Gottheit den »Weg der vier noblen Wahrheiten«: Der erste Schritt ist »Leiden« (Durst), der zweite »Erkennen der Ursachen« (Alkoholentzug), der dritte der »Weg zur Heilung« (Getränkebestellung), der vierte die »Heilung« (trinken).

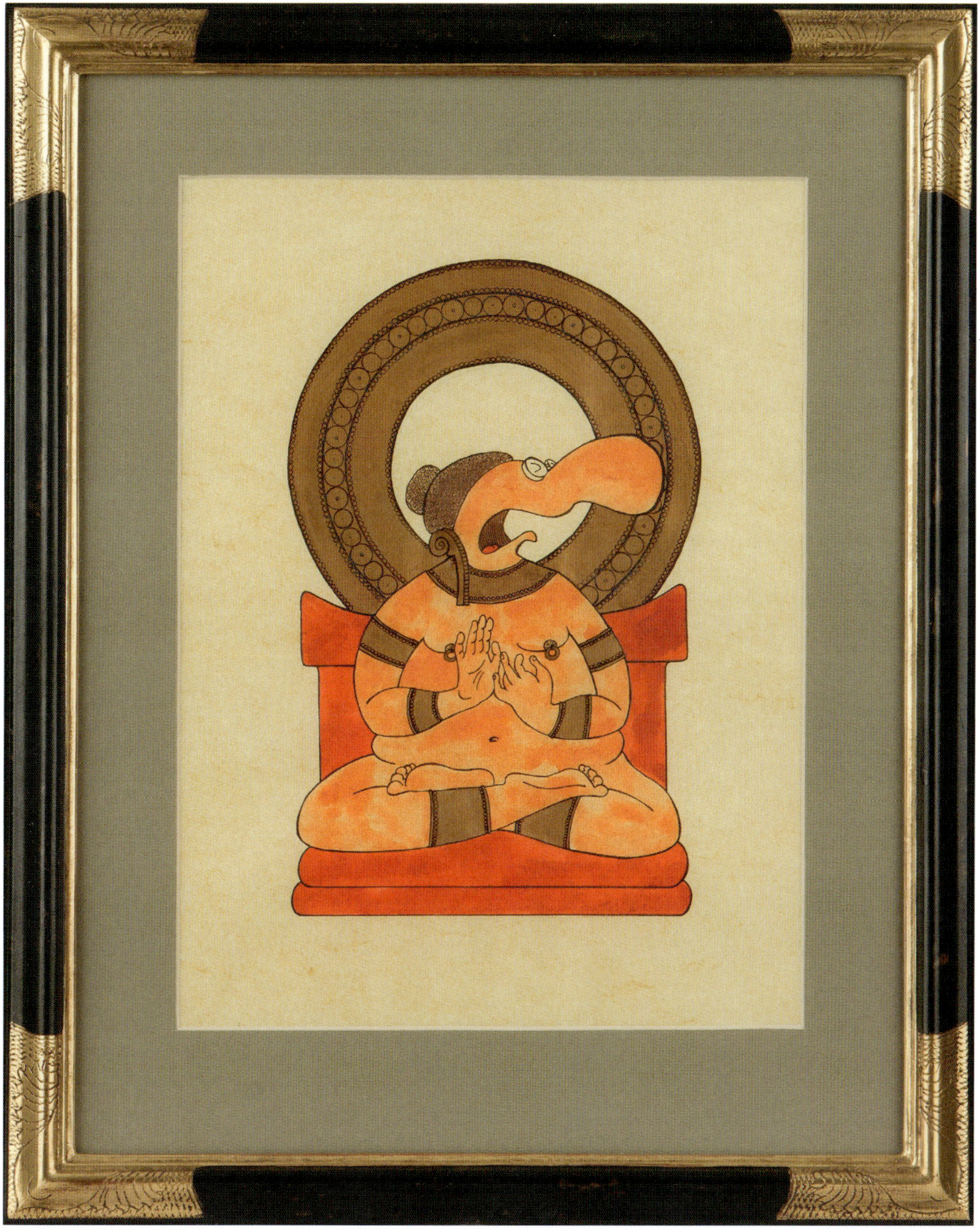

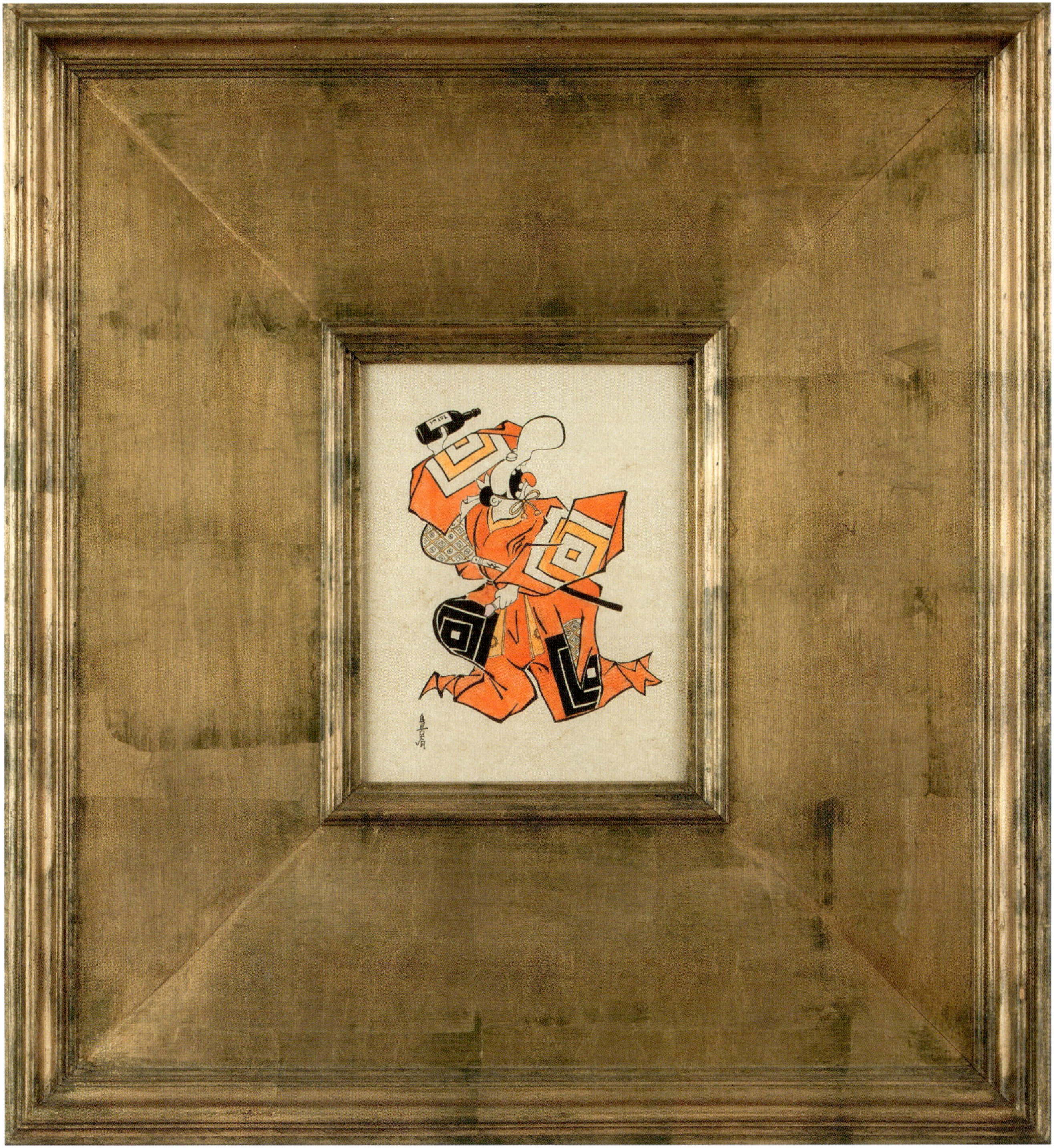

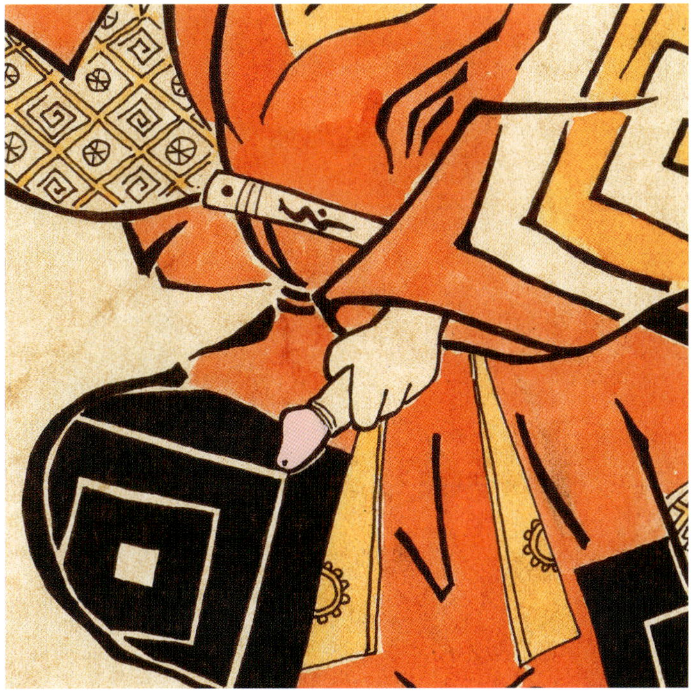

Torii Kiyomasu, »Wie der Geishadarsteller Toshiro Ashaloke sich einmal fürchterlich daneben benahm«

Die japanische Malerei des 18. Jahrhunderts kannte eigentlich nur zwei Sujets: den Fujijama und als Frauen verkleidete männliche Schauspieler, die schreckliche Grimassen ziehen. Hier der letztere Typus.

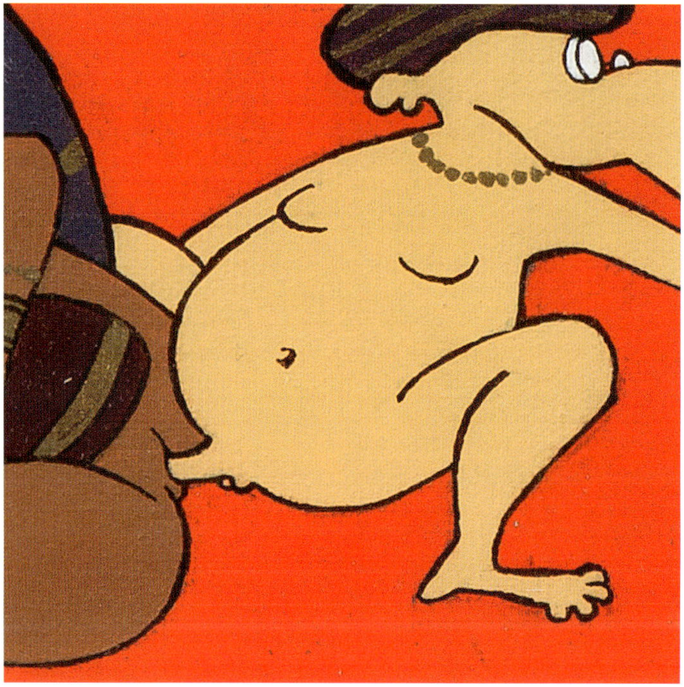

Kamasutra (Anonym)

Das Kamasutra gilt in Indien als die hohe Schule der Liebe. Auf diesem Bild wird die Liebeslehre selber thematisiert – der junge Brahmane möchte anscheinend alles genau richtig machen und studiert während des Liebesspiels aufmerksam das Kamasutra, sehr zur Freude der Gespielin, in deren Gesicht sich Ekstase und Sinneslust ein Stelldichein geben.

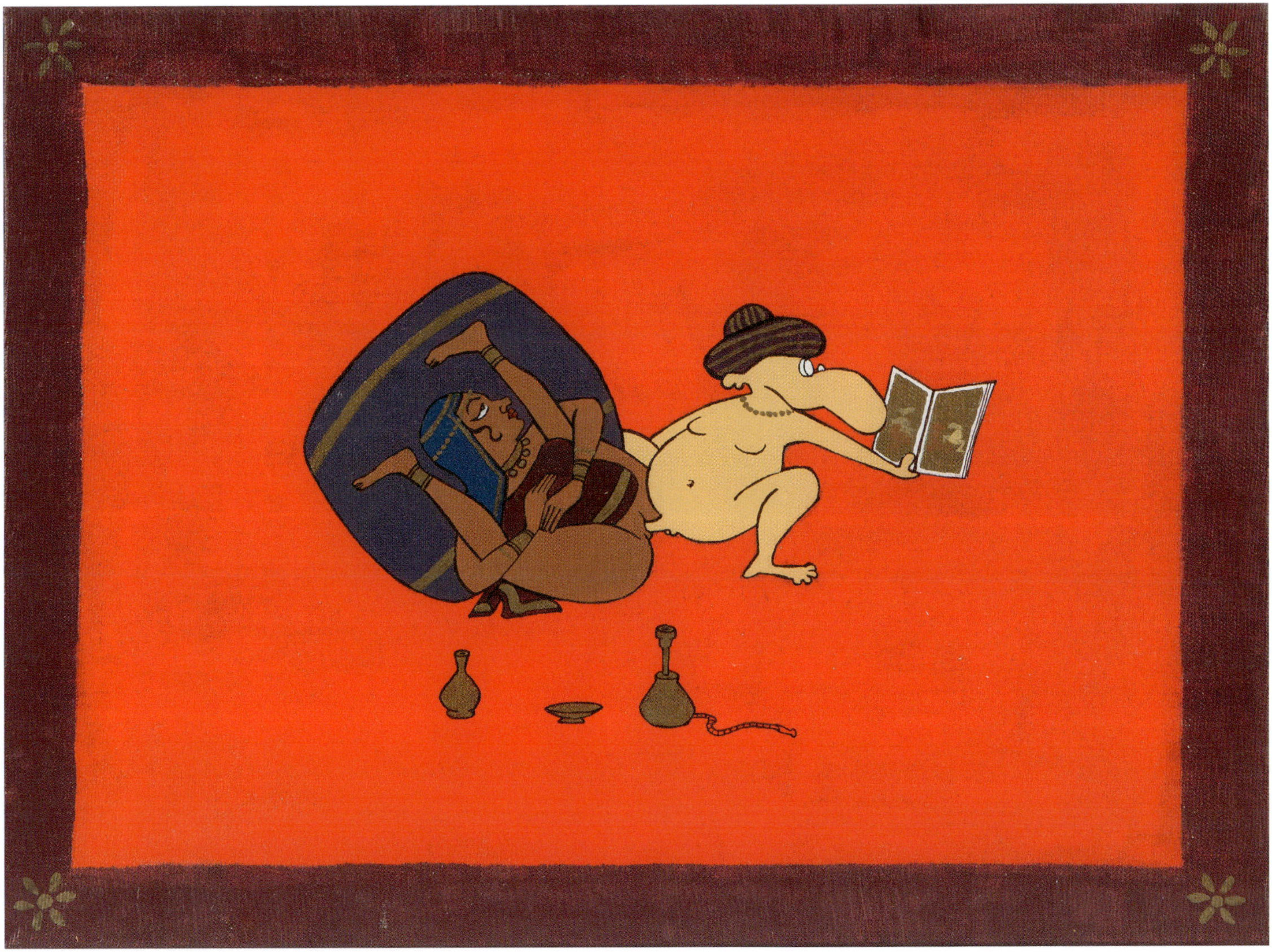

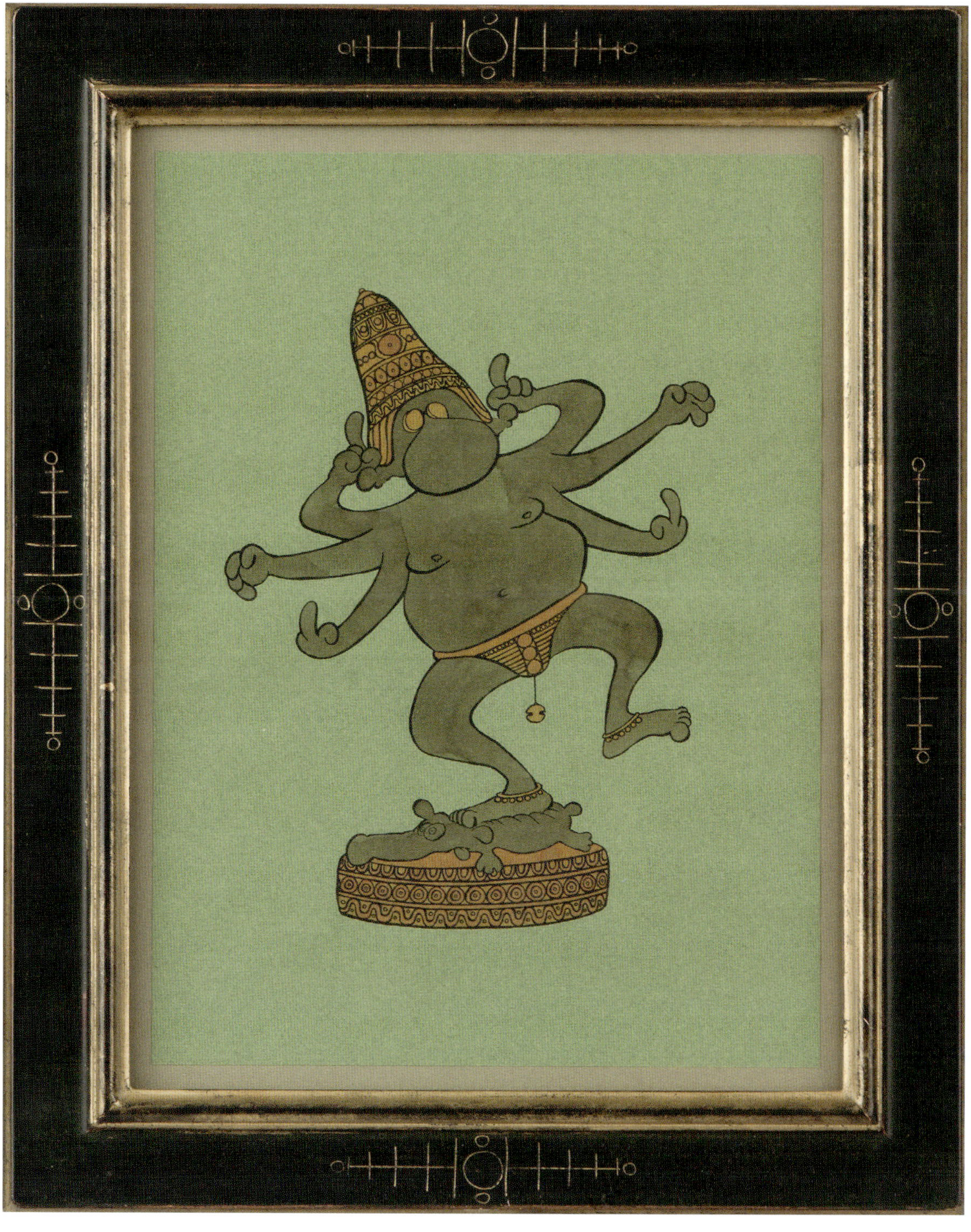

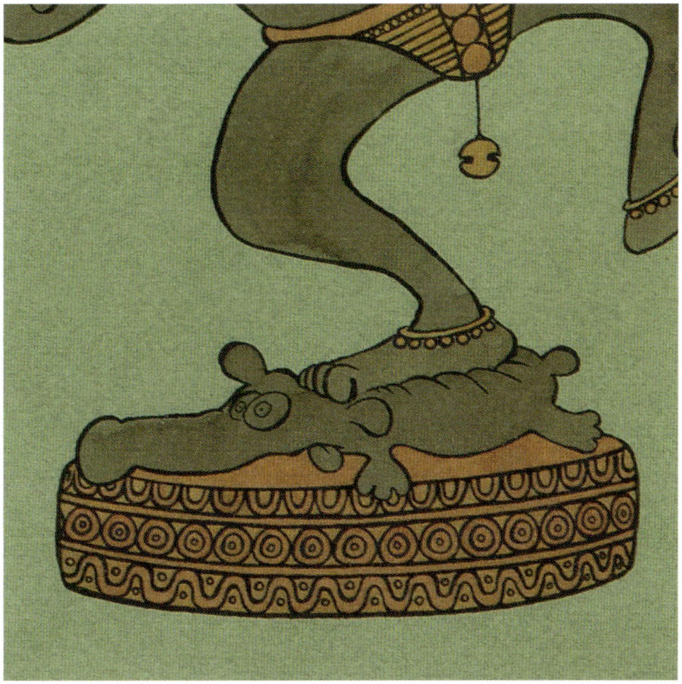

Siva Nataraja, Gott des Tanzes (Indien)

Lavierte Tuschezeichnung nach einer Bronzefigur aus dem Tempel von Tiruvarangulam, zirka 10. Jahrhundert n. Chr.

Die unteren Hände symbolisieren die permanente Bereitschaft der Gottheit zur Vermehrung, die mittleren deuten die Größe seines Fortpflanzungsorgans an, während die oberen als Aufforderung, die Dinge des Lebens mit Humor zu betrachten, gedeutet werden. Der kleine Hund bedeutet entweder das Universum, das in immerwährendem Kreislauf durch Tanz zerstört werden muss, damit es wiedergeboren werden kann, oder eben nur einen kleinen Hund.

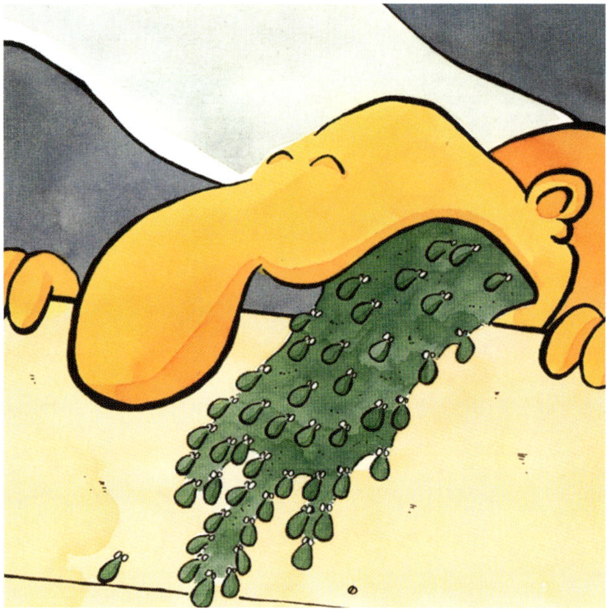

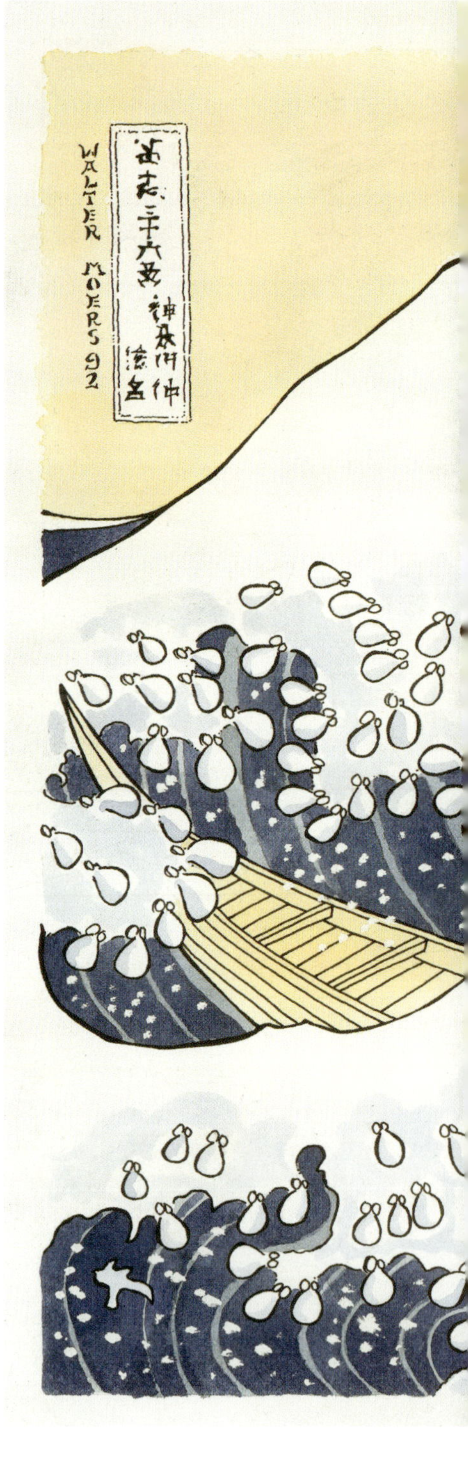

Katsushika Hokusai, »Die große Arschlochwelle«

In diesem imposanten Farbholzschnitt gibt Hokusai seiner Furcht vor einer »Verwestlichung« Japans Ausdruck. Er befürchtete zeitlebens, der japanische Markt würde nach der Öffnung zum Westen mit europäischen Konsumgütern überschwemmt, was er durch eine gigantische Welle darstellt (die westlichen Güter), gegen die die Zenmönche in ihren kleinen Booten (seine Heimat) vollkommen machtlos sind. Hokusais Ängste waren unbegründet: es lief dann später ja genau umgekehrt.

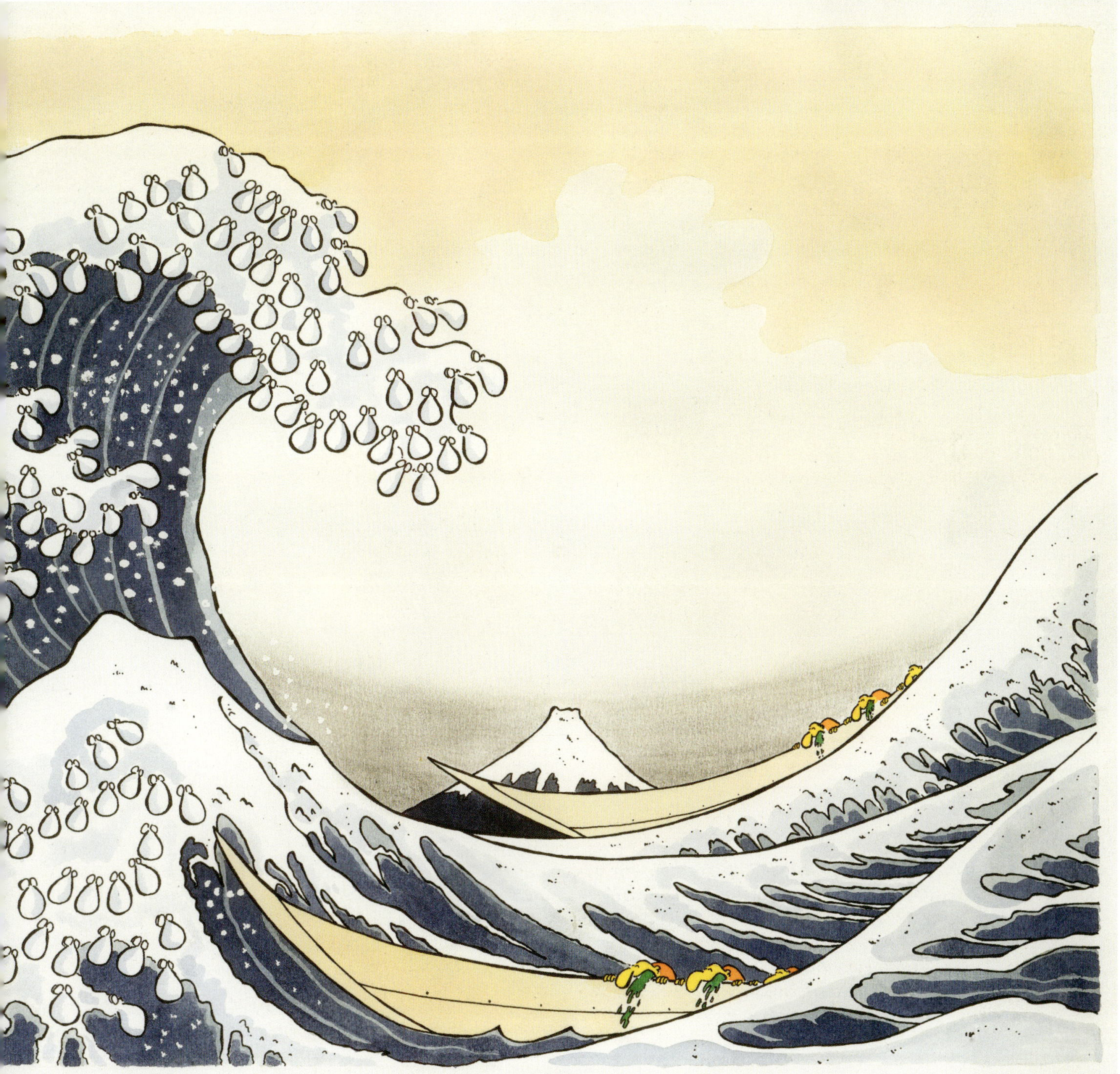

Der europäische Osten

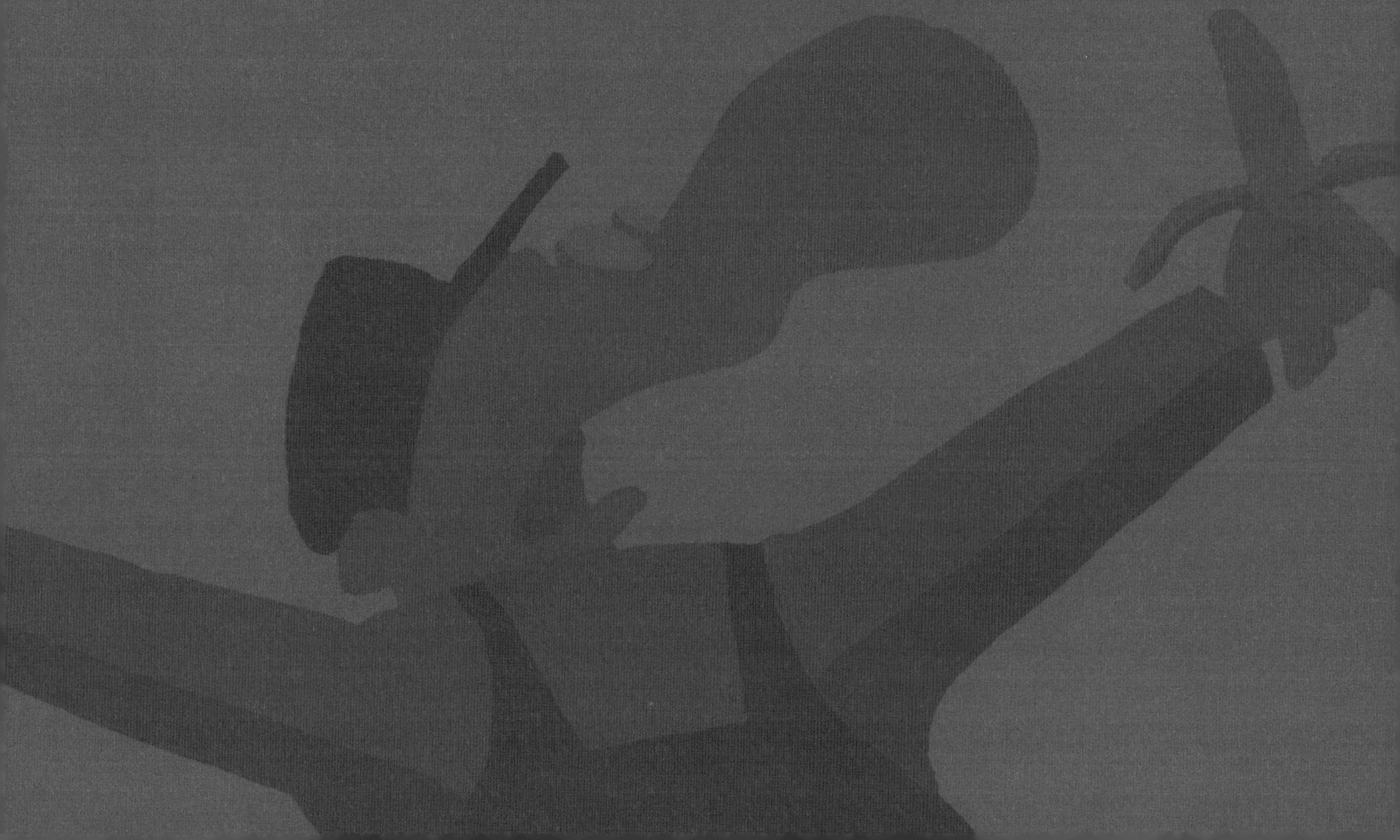

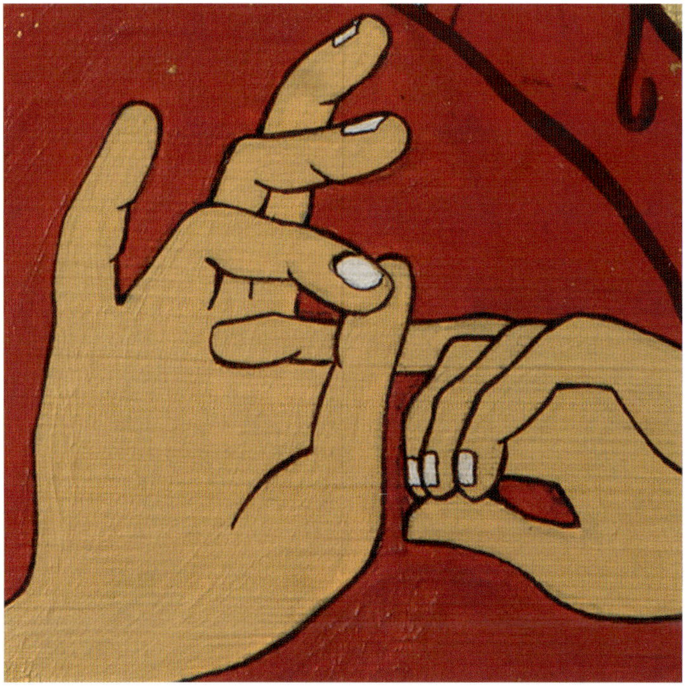

Der Hl. Vladimir

Russische Ikone, blattvergoldet

Der russische Köhlergeselle Vladimir (Nachname nicht überliefert) rief sich im 15. Jahrhundert zum Gegenpapst aus und sprach sich anschließend selber heilig. Grundlagen seiner Heilslehre waren die Vielweiberei und Gotteslästerung in deutlicher Opposition zur herrschenden römischen Kirche. Er fand wenig Anhänger, genaugenommen eigentlich gar keine. Selbst diese Ikone musste er selber malen.

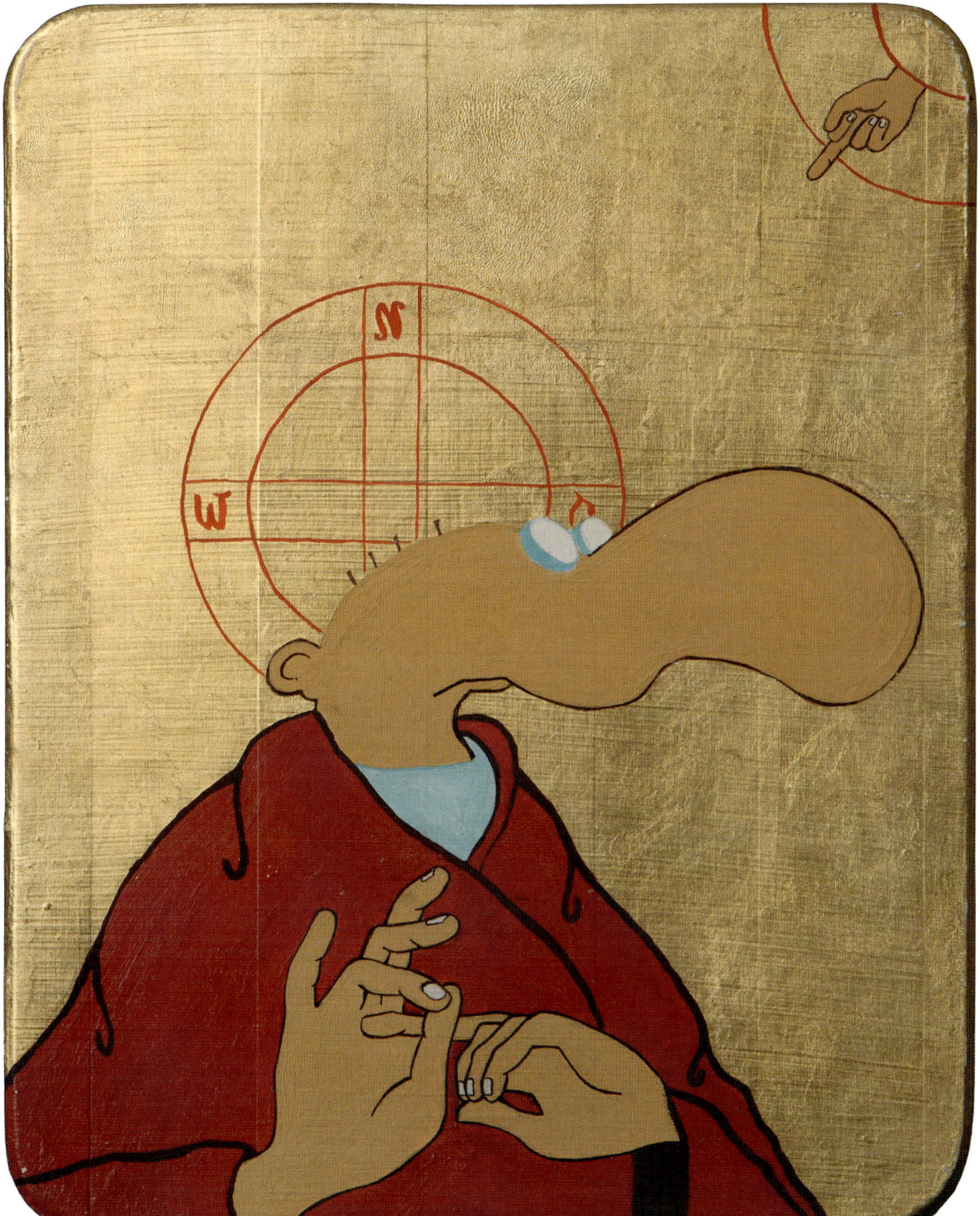
N
W

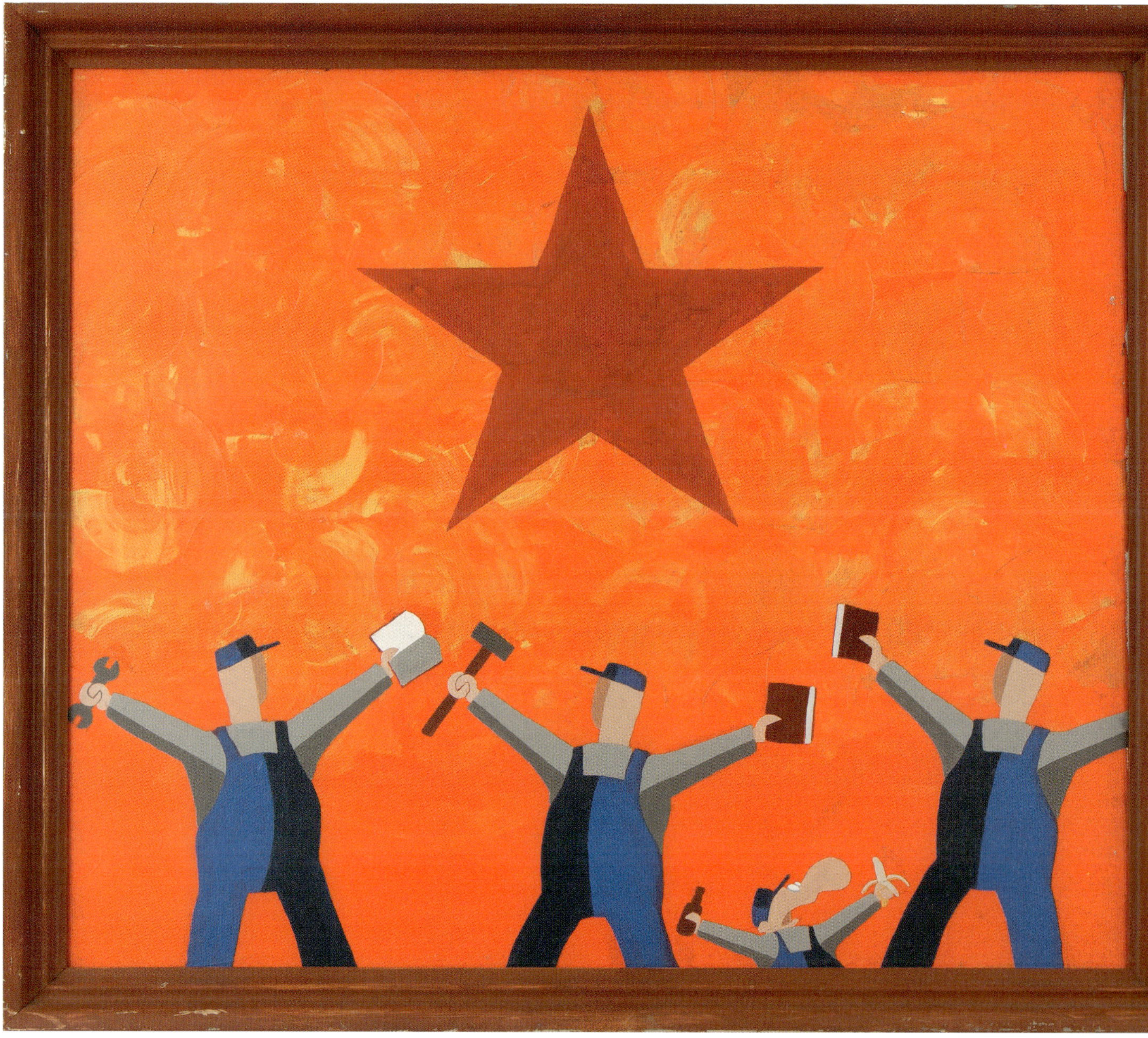

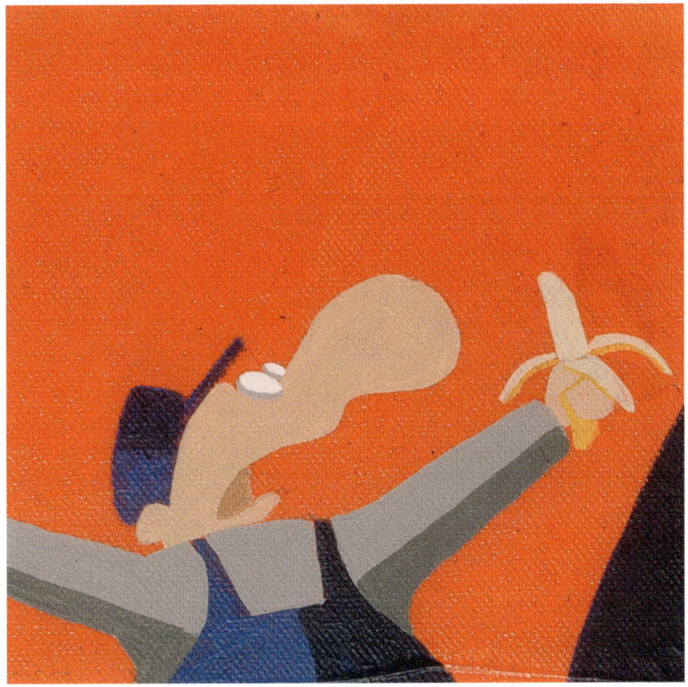

Kazimir Majalevitch

»Moskauer Stahlkocher diskutieren nach einer Plansollübererfüllung den dialektischen Materialismus.«

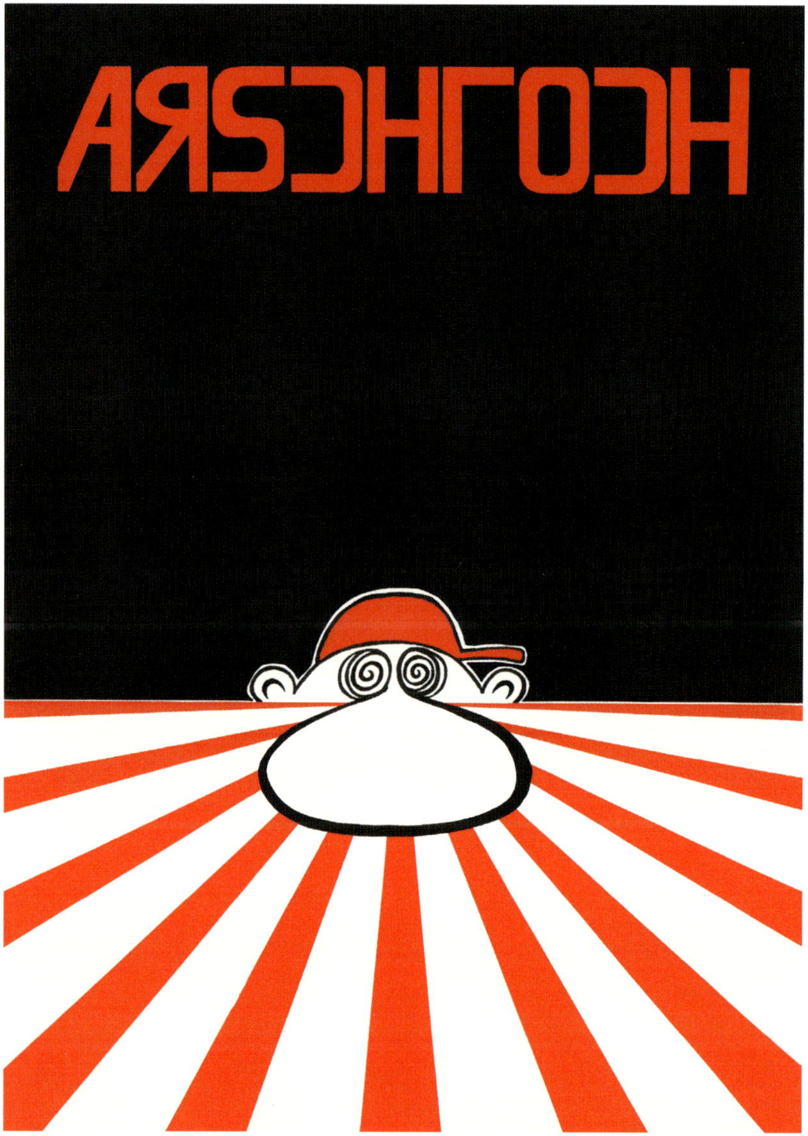

◀ Sowjetisches Plakat (Anonym)

Das Kleine Arschloch galt im kommunistischen Russland als Staatsfeind Nr. 1, als gefährlichste Form von westlicher Dekadenz und systemfeindlichem Individualismus. Dieses Plakat hing damals in jedem KGB-Büro. Das Wort im oberen Bildteil ist die schlimmste Beschimpfung, die ein russischer Kommunist kennt: »Konterrevolutionär«.

▶ El Lissitzky »Arschlochtribüne«

Mit dem Entwurf »Arschlochtribüne« erlaubte sich der sonst eigentlich linientreue Lissitzky einen Scherz über die eitle Geschwätzigkeit der Parteioberen, den er bitter bereuen sollte. Er hatte nicht mit der Humorlosigkeit der Parteispitze gerechnet. So musste er zur Strafe den Roten Platz mit einer Zahnbürste kehren, nur mit einer Pelzmütze bekleidet, mitten im Winter. Ja, so waren sie, die Herren Kommunisten!

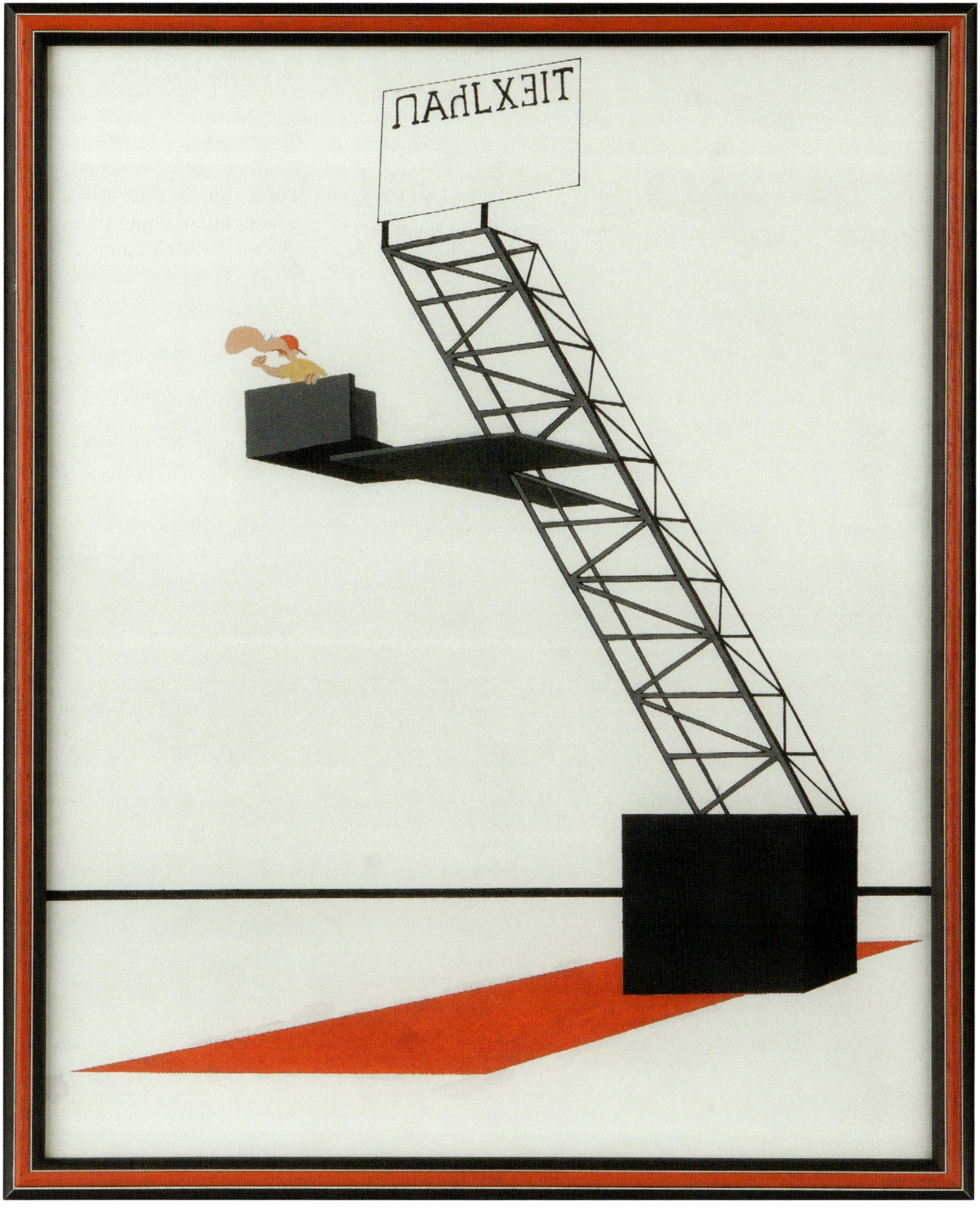

Die Moderne und ihre Vorläufer

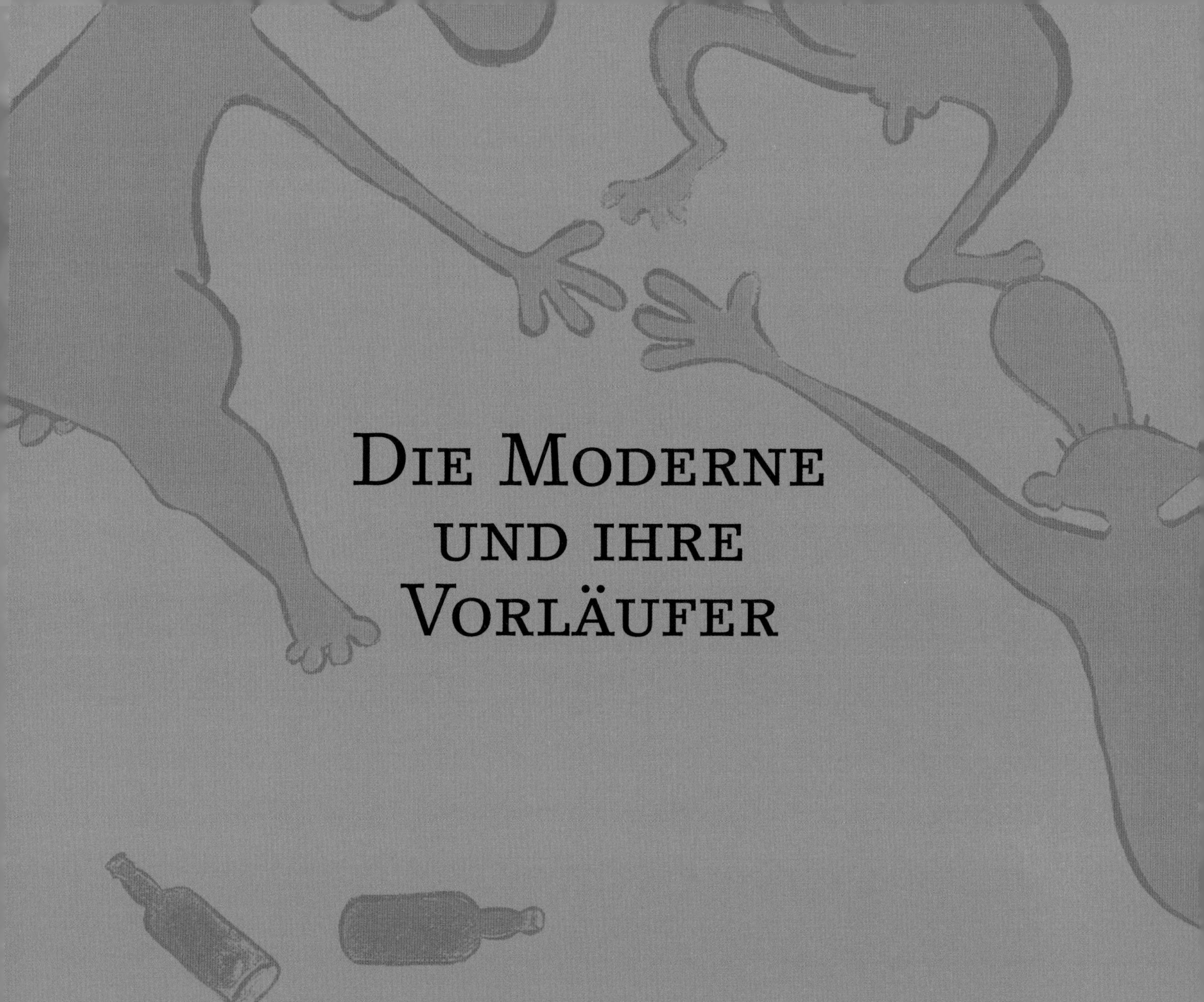

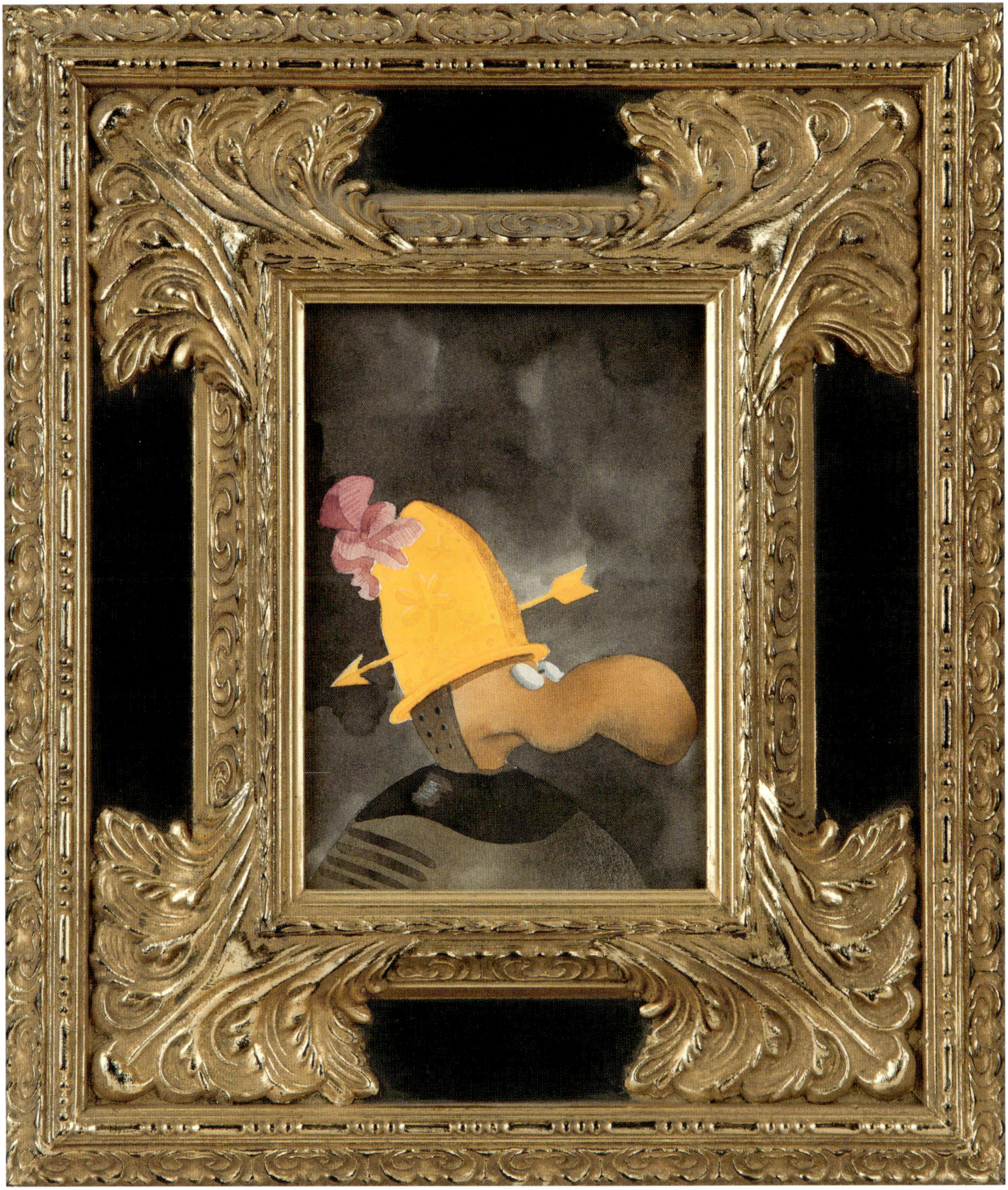

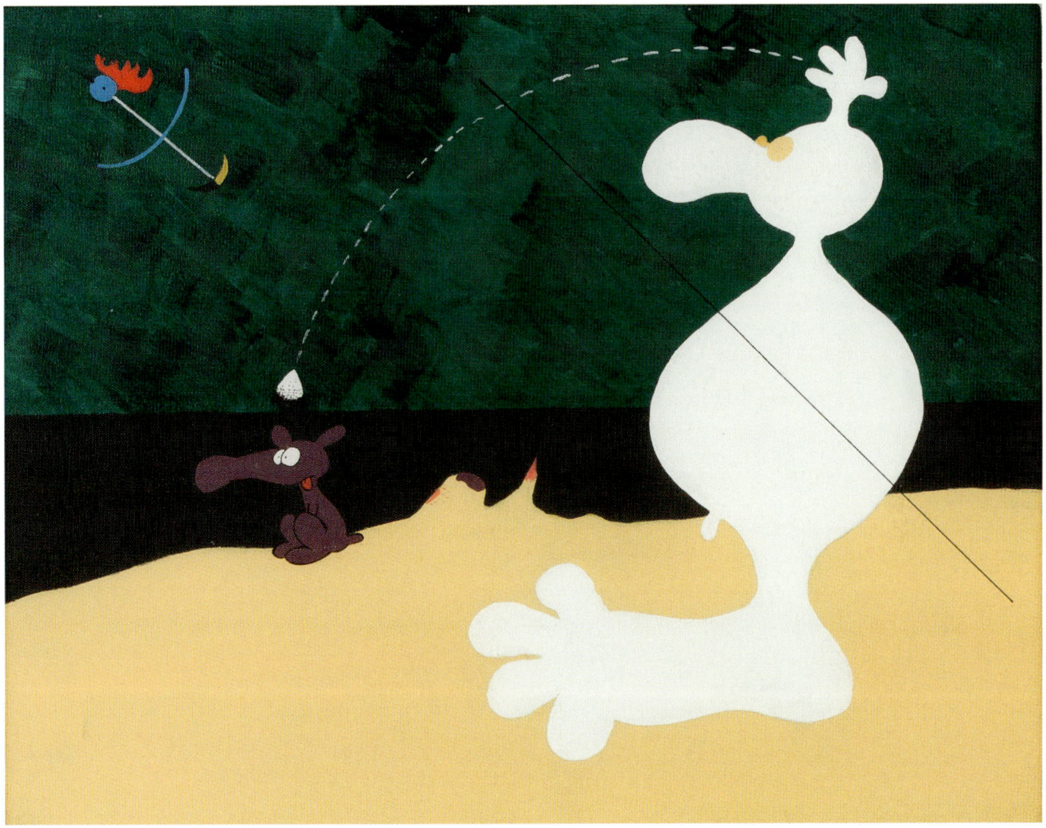

◂ **Rembrandt van Rijn, »Der Arsch mit dem Goldhelm«**

Die Entdeckung, dass das Bild »Der Mann mit dem Goldhelm« gar nicht von Rembrandt selbst, sondern von einem seiner Schüler gemalt wurde, hat die Kunstwelt nachhaltig erschüttert. Das Gemälde basiert auf diesem Originalaquarell des Meisters, der das Thema, wie man sieht, wesentlich heiterer angegangen ist.

▸ **Joan Miró, »Figur, die einen Stein nach einem Hund wirft, während ein komischer Vogel zum Mond fliegt«**

Mit diesem Bild führt Miró die Tierquälerei in die moderne Malerei ein, eine bahnbrechende Pioniertat, ohne die etwa Duchamps »Katzenklavier« oder Toulouse-Lautrecs »Petit Connard« nicht zu denken wären.

Vincent van Gogh, »Schlafzimmer in Arles«

Als die Restaurateure des Amsterdamer Van-Gogh-Museums das Bild »Schlafzimmer in Arles« röntgentechnisch untersuchten, entdeckten sie darunter eine erste, wesentlich anzüglichere Version. Van Gogh selbst nannte diese Version »Nar het poppen«, was, diskret übersetzt, »Nach Austausch der Geschlechtsmittel« heißt.
Er schreibt dazu in einem Brief an seinen Bruder Theo: »Ich habe lange nach den Farben gesucht, die diesem Sujet gerecht werden. Es mussten grelle, aufwühlende Pigmente sein, die den Zustand meiner Nerven versinnbildlichen, die durch den kleinen Bastard immer wieder in Aufruhr geraten. Er wird mich eines Tages noch in den Wahnsinn treiben.«
Der Fund der Restaurateure enthüllt also nicht nur van Goghs lange verheimlichte Homosexualität, sondern auch den Grund seines frühzeitigen nervlichen Zusammenbruchs.

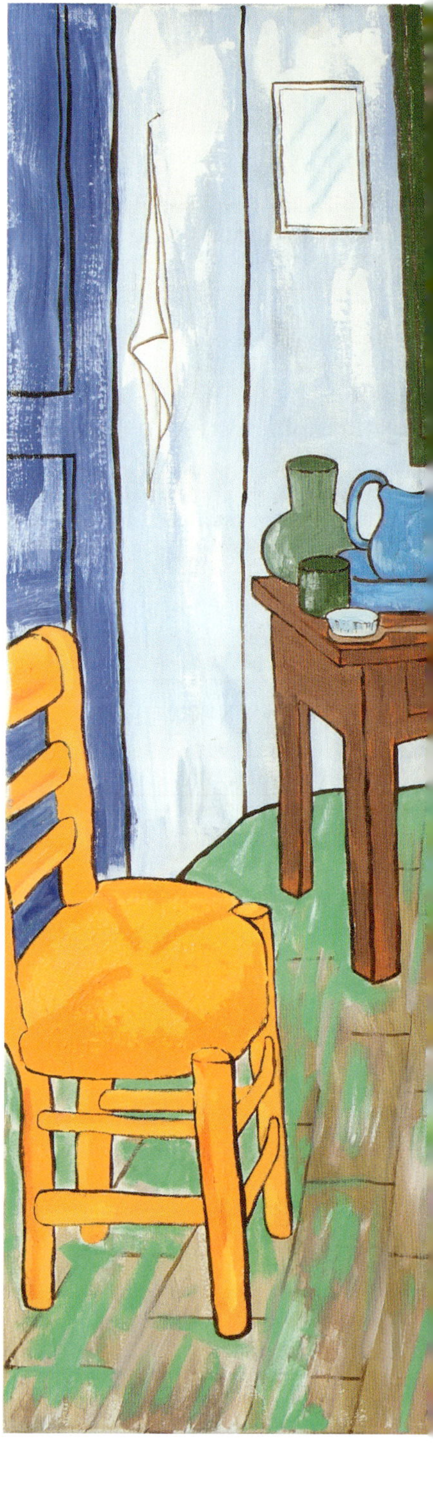

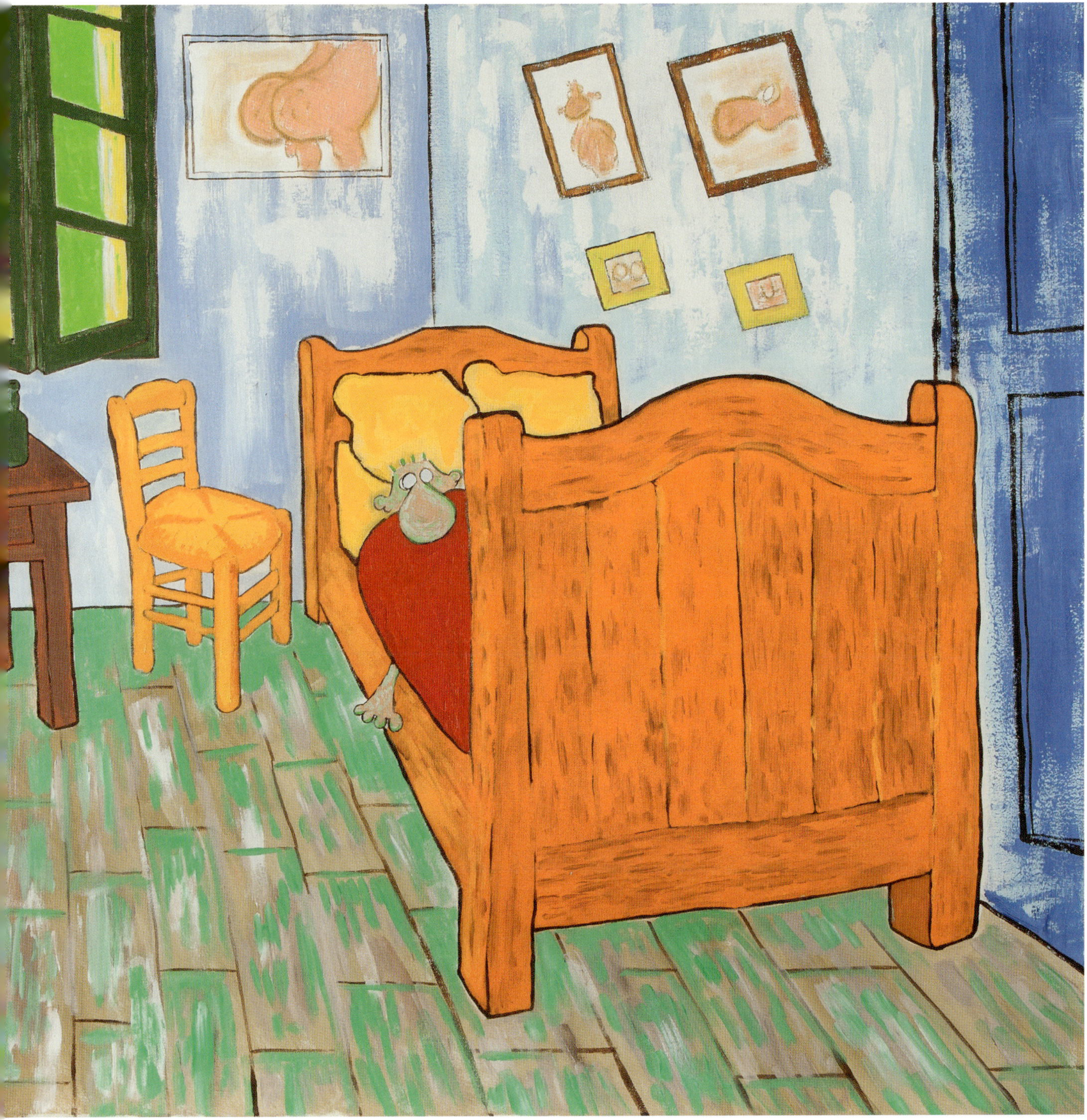

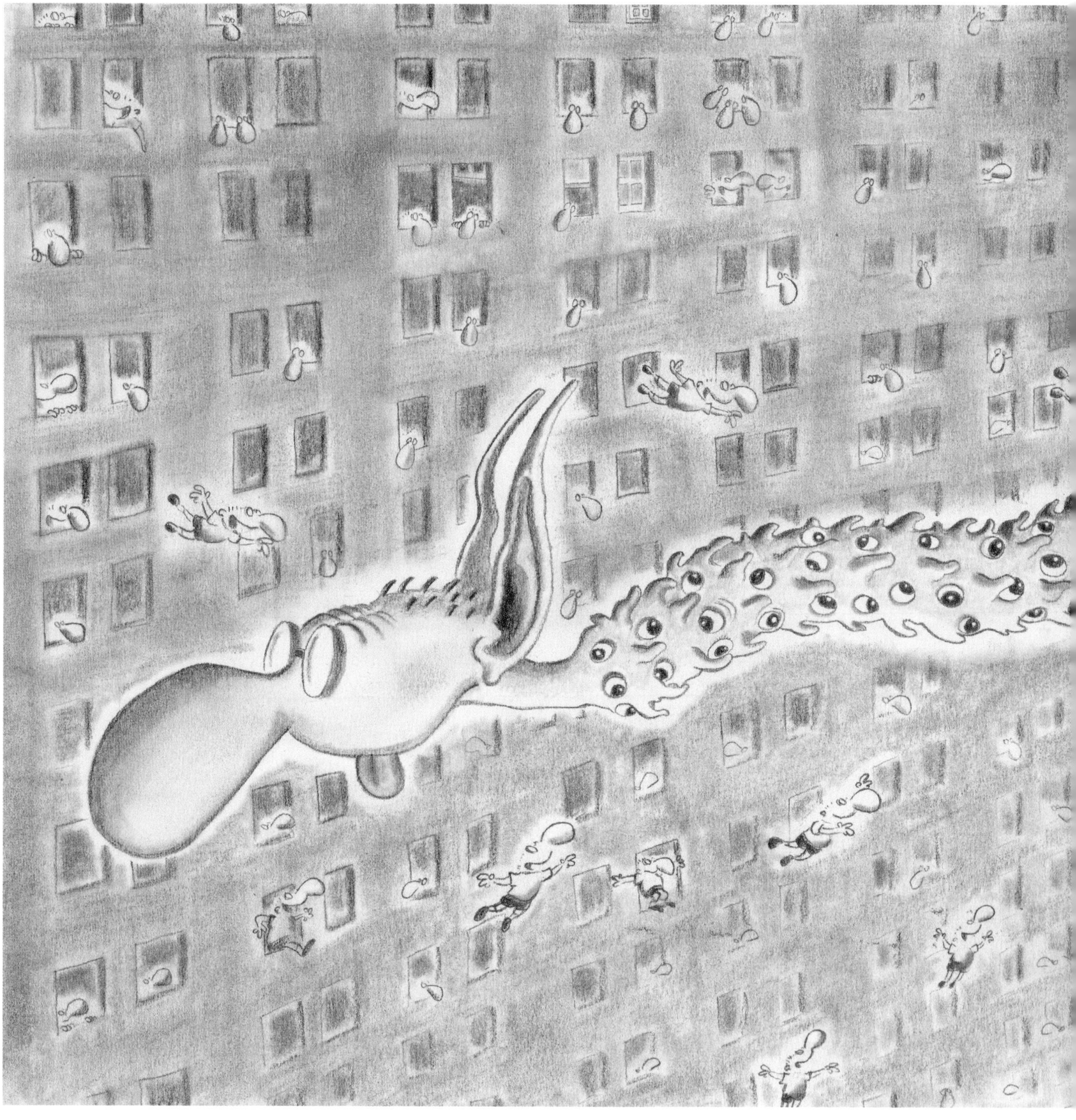

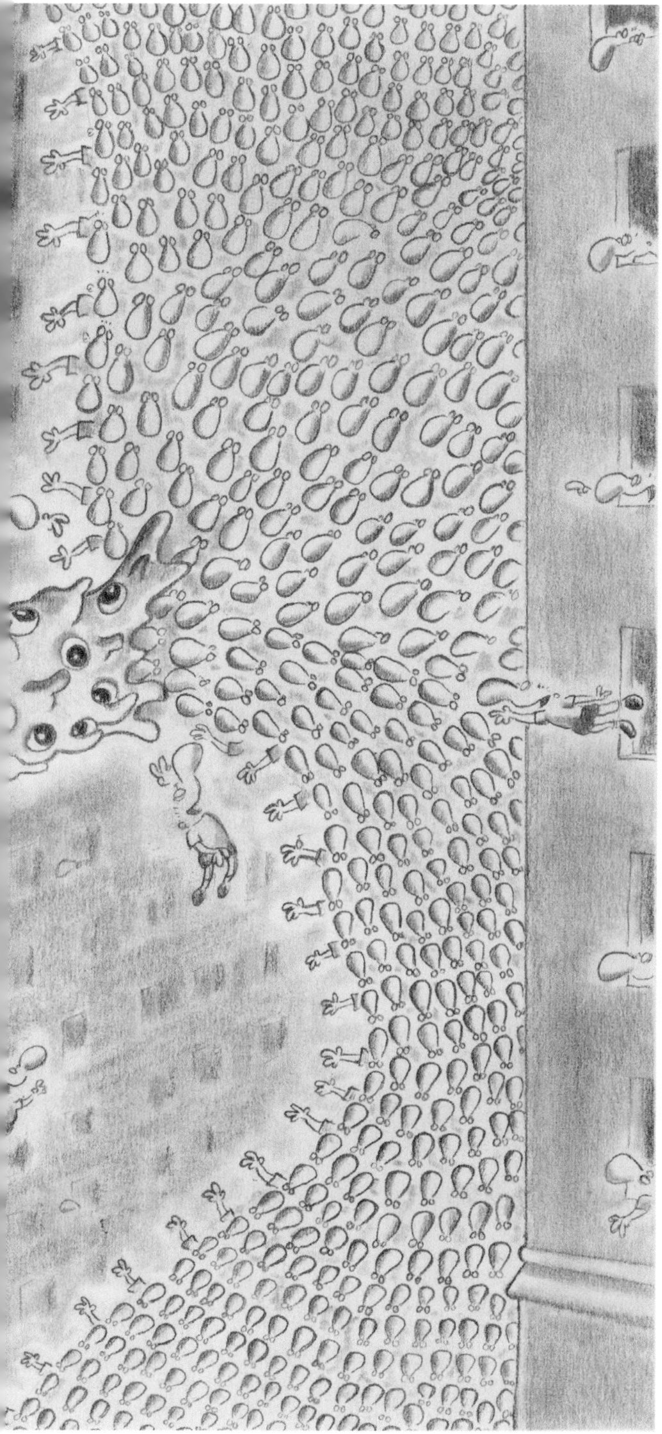

A. Paul Weber, »Das Gerücht«

In dieser allegorischen Lithographie tadelt Weber (zu Recht!) die Verfügbarkeit der Massen und ihren blinden Gefolgsam für jede dahergelaufene politische Idee. Begeistert folgt die Menge einem Führer mit abstoßendem Antlitz, und man ahnt, wohin der sie führen wird: wahrscheinlich ins Verderben.

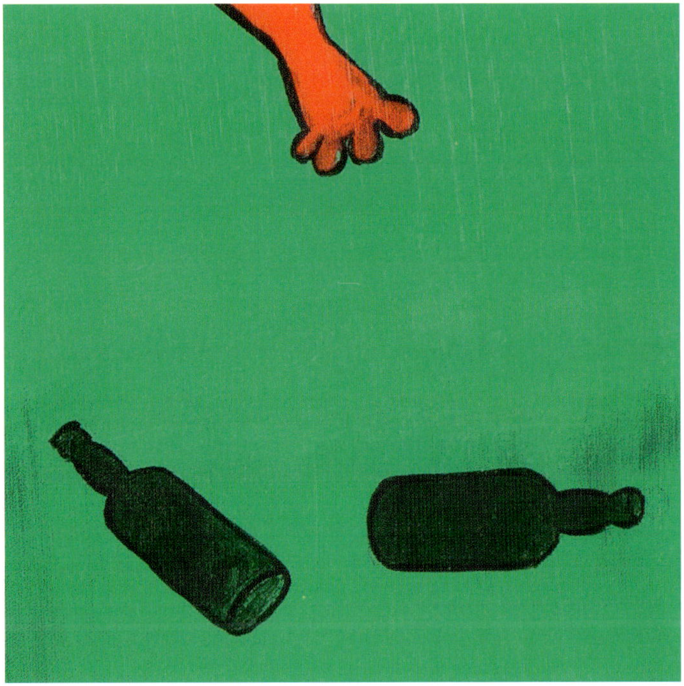

Henri Matisse, »Nach dem Absinthgenuss«

Die Fachwelt streitet sich seit langem, ob Matisse mit dem Absinthgenuss den auf dem Bild dargestellten oder seinen eigenen meinte. Letzteres würde jedenfalls die exzentrische Farbgebung der Tanzenden plausibel machen.

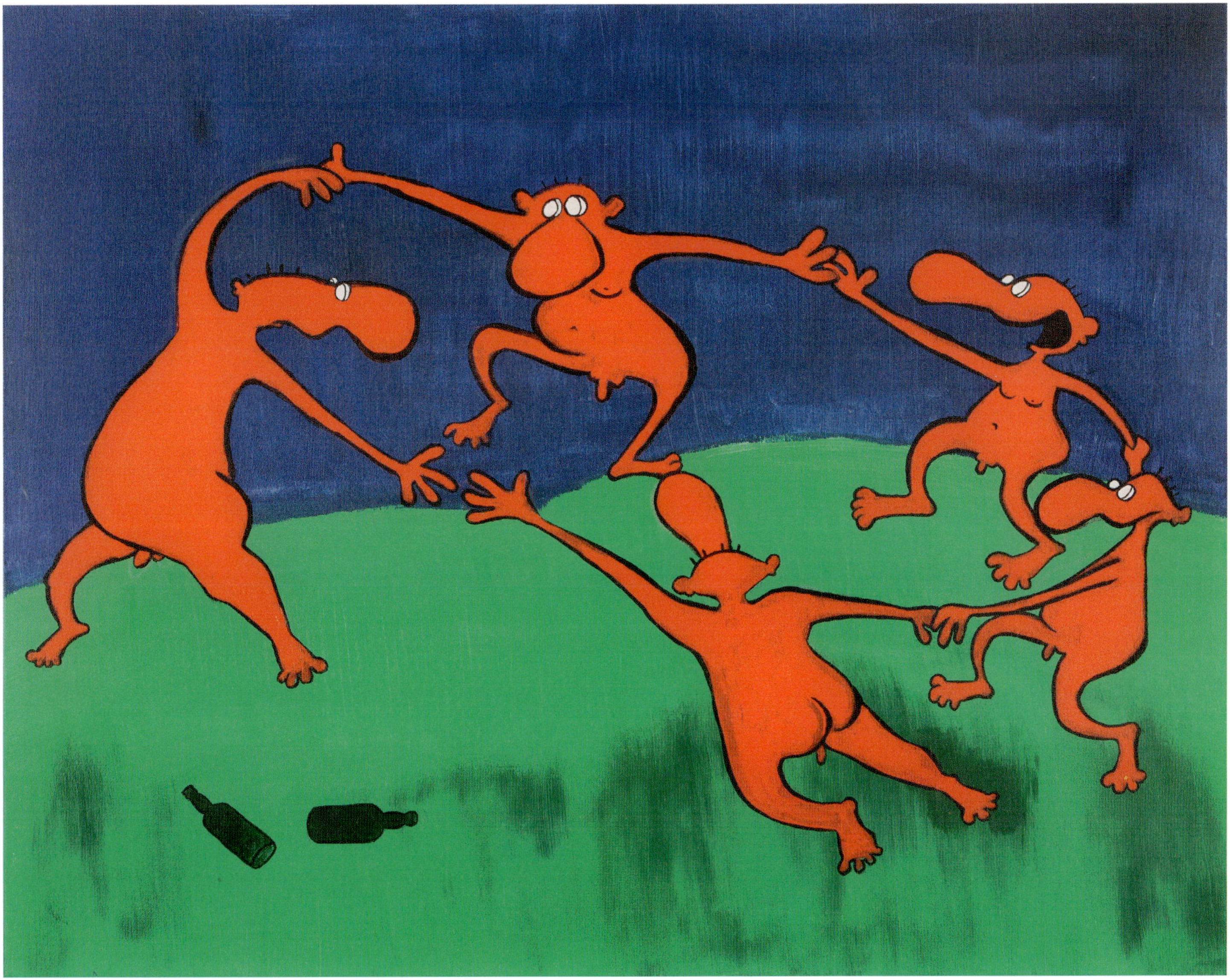

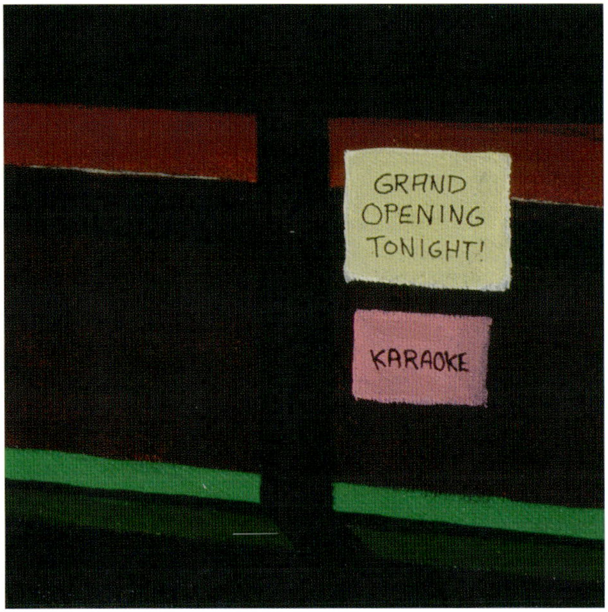

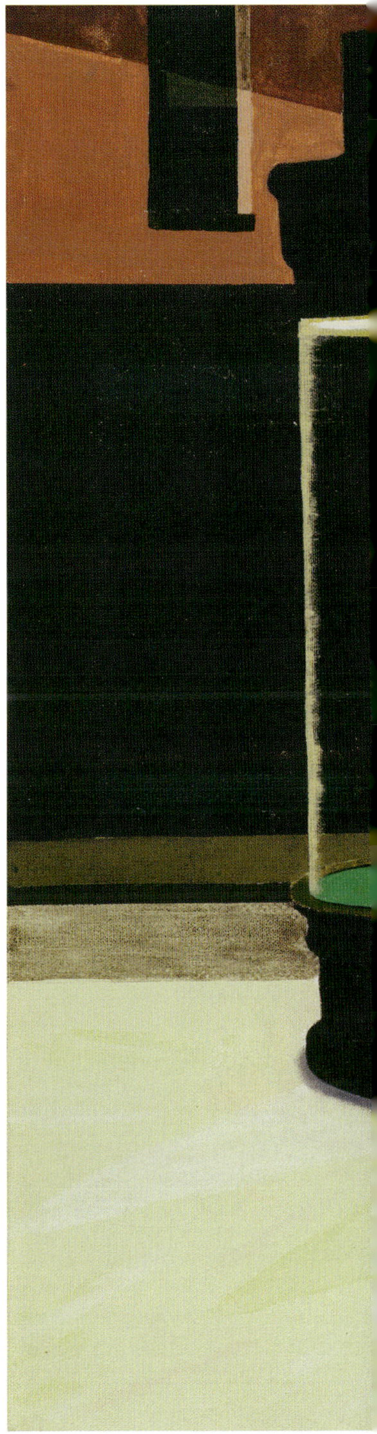

Edward Hopper, »Die große Eröffnung«

Die Einsamkeit des Individuums in urbaner Umgebung ist das Zentralthema im Schaffen Edward Hoppers. Architektur und Melancholie, Isolation und Sehnsucht, niemals hat ein Maler diese Themen so kühl und dennoch anrührend auf Leinwand projiziert wie Hopper in seinem Gemälde »Die große Eröffnung«. Da hat jemand ein Lokal eröffnet, und niemand kommt. Warum? Was hat der kleine Lokalbesitzer falsch gemacht? Ist das Licht zu unpersönlich? Ist der Standort falsch gewählt? Fragen, die Hopper bewusst unbeantwortet lässt. Fast möchte man eintreten und dem einsamen Kneipier Gesellschaft leisten und Trost spenden … Dann aber, bei genauerem Überlegen: eigentlich doch lieber nicht.

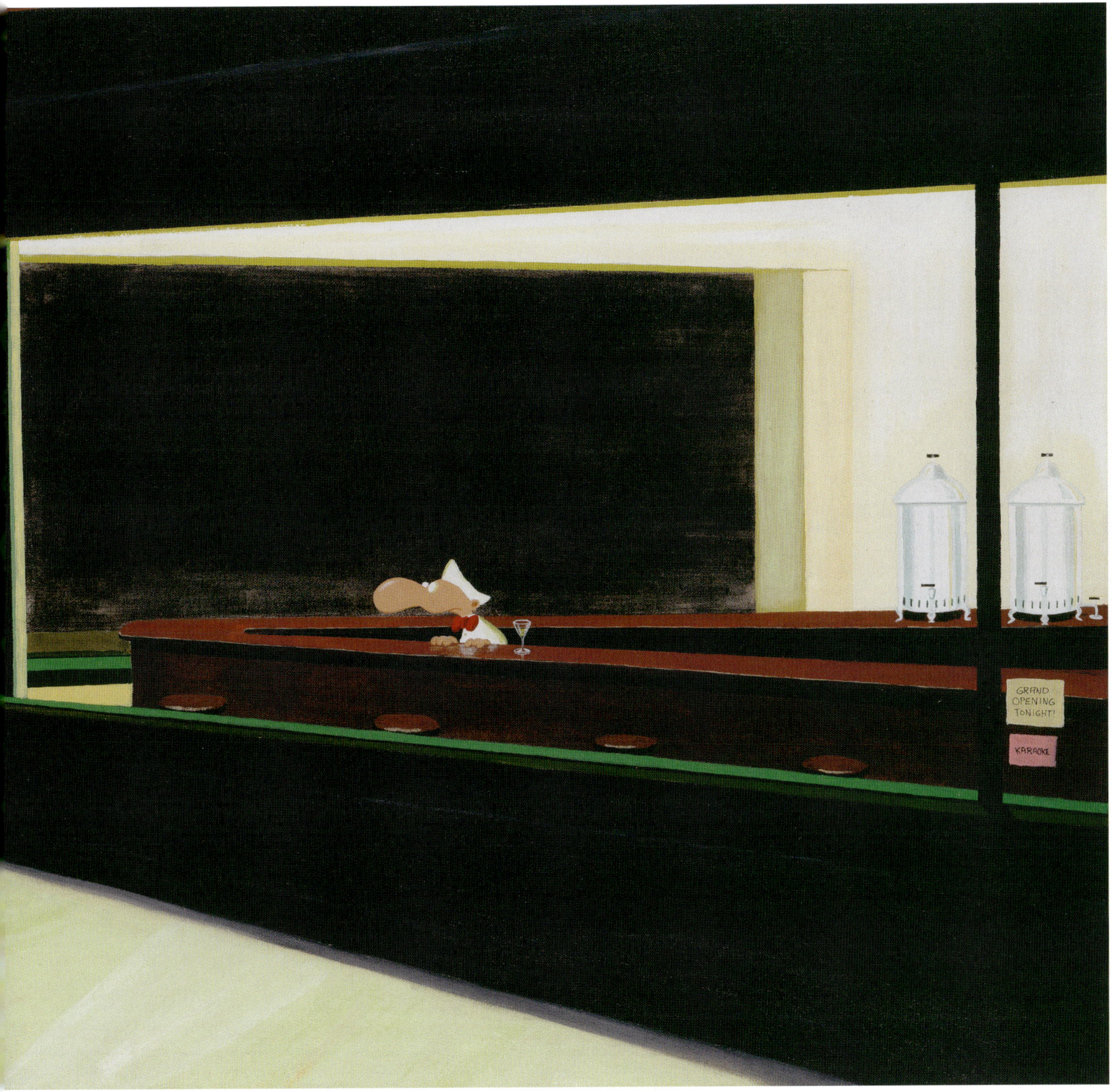
GRAND OPENING TONIGHT!
KARAOKE

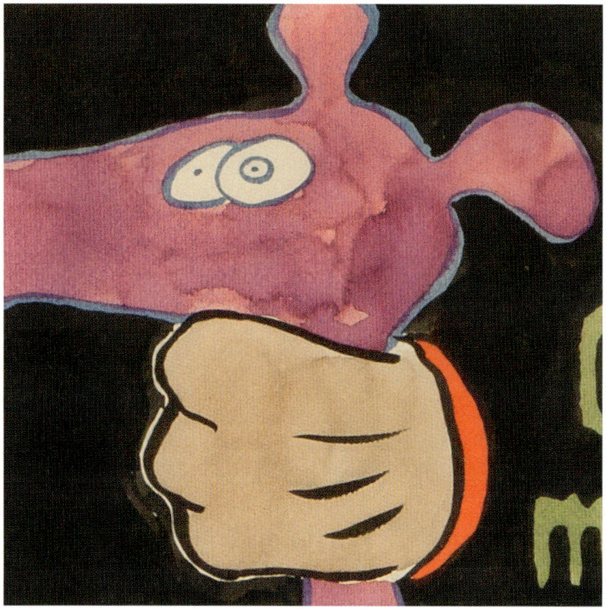

Henri de Toulouse-Lautrec, »Le Petit Connard Et Son Chien Masochiste«

Im »Ambassador«, einem Pariser Etablissement, gaben sich die Bohemiens und Künstler des ausgehenden 19. Jahrhunderts die Klinke in die Hand. Die Aufführungen auf der kleinen Bühne waren oft spektakulär und nicht selten skandalträchtig. Toulouse-Lautrec war sozusagen der Hausmaler des »Ambassador«. Er entwarf die Plakate für die Veranstaltungen, so auch dieses für »Le Petit Connard«, einen wüsten Avantgardisten mit zweifelhaftem Ruf, Vorläufer der »Performance«-Kunst. An diesem Abend wollte er seinen »Dialog für einen Hammer und einen Hund« zum Besten geben, wozu es Gott sei Dank nicht kam, da die Polizei rechtzeitig die Veranstaltung sprengte.

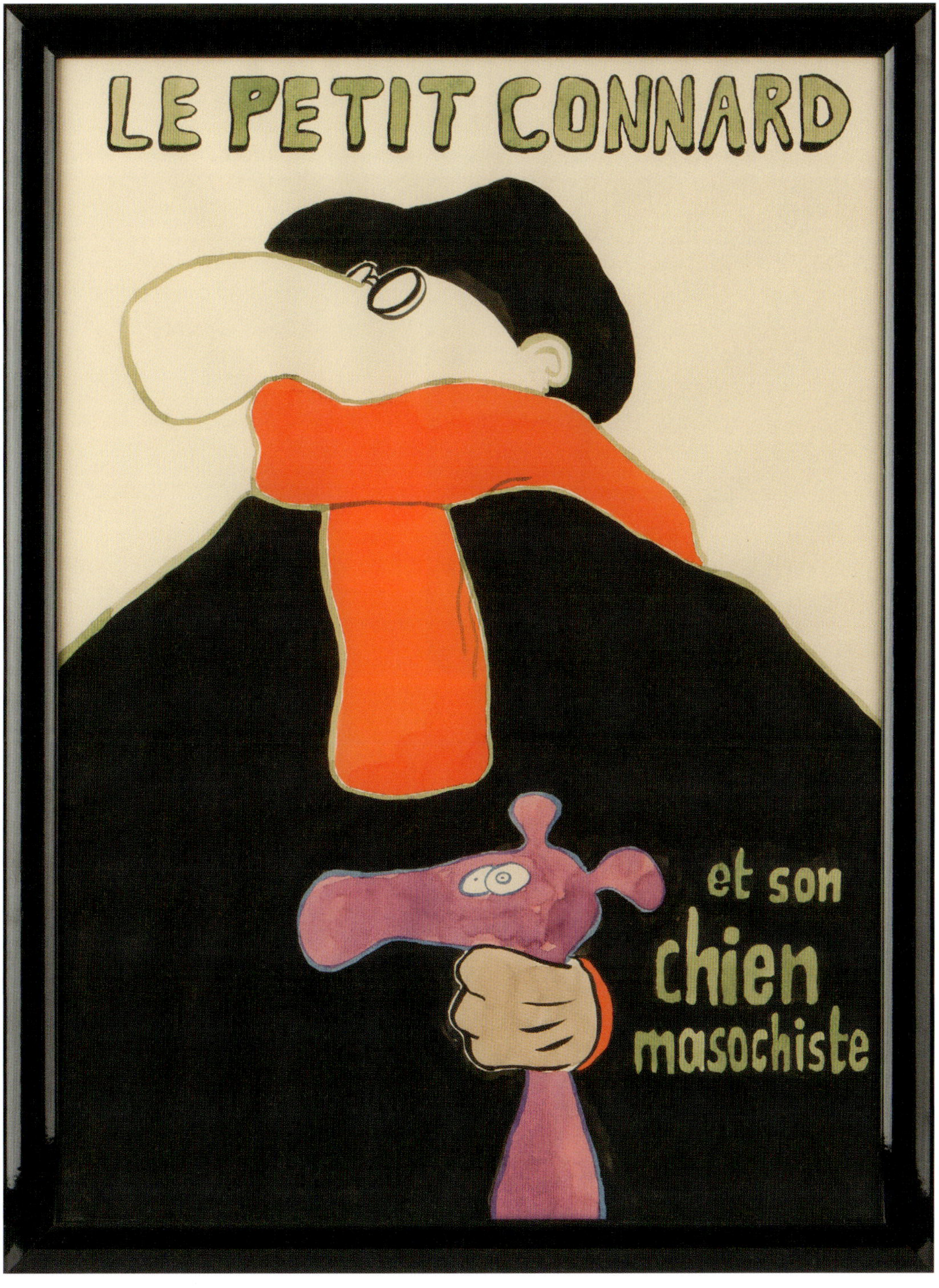
LE PETIT CONNARD
et son
chien
masochiste

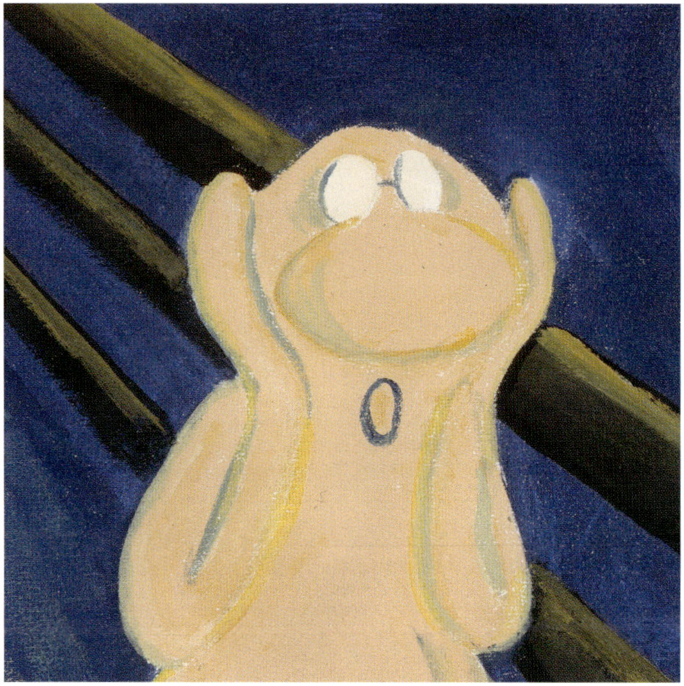

Edvard Munch, »Der Schrei«

In der Nacht zum 4. April 1894 hatte der norwegische Maler Edvard Munch einen grässlichen Alptraum: »Ich machte einen Spaziergang durch Oslo, bei dem ich zahlreichen Bekannten begegnete. Sie tuschelten und lachten, wenn ich an ihnen vorüberging. Als ich die Olesundbrücke überquerte, wurde mir plötzlich gewahr, warum: Ich hatte mein Portemonnaie vergessen!« Schreiend schreckte der empfindsame Nordländer aus dem Schlaf und bannte das Geträumte auf die Leinwand. Die Ohnmacht des Individuums angesichts der gnadenlos wirkenden Mächte des Universums, hier findet sie ihre gültigste Verbildlichung.

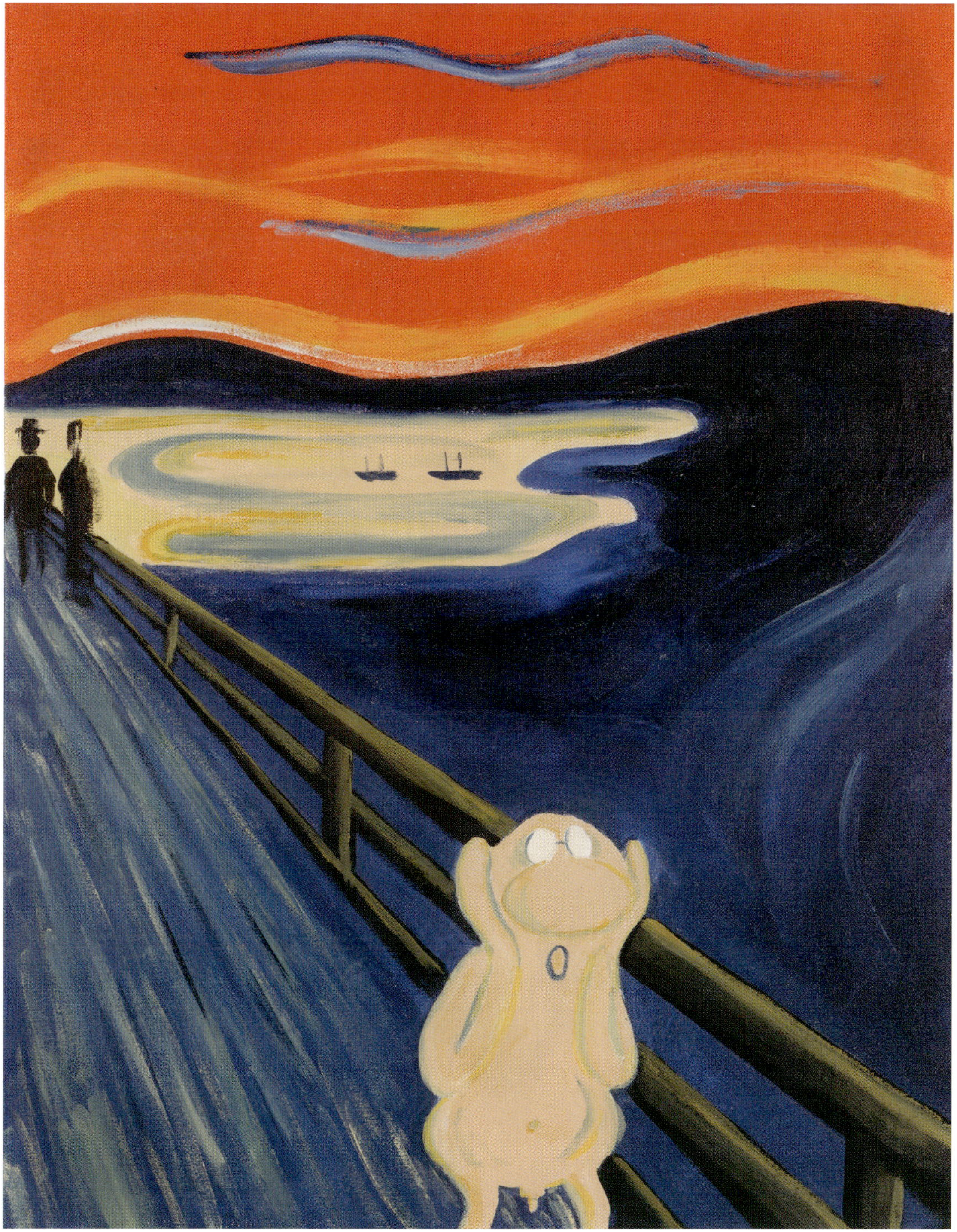

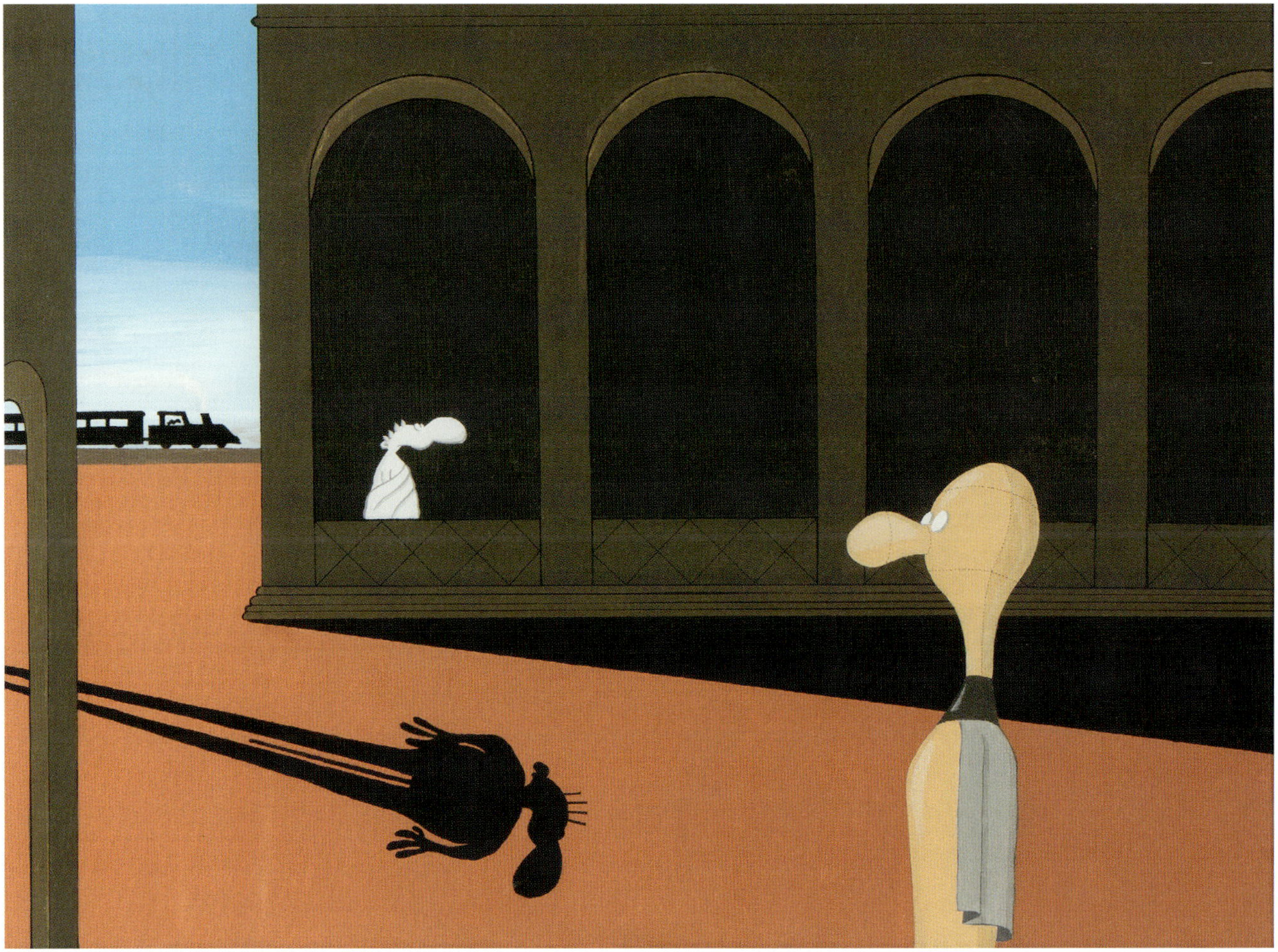

Giorgio de Chirico, »Wenn die Sonne niedrig steht, werfen sogar Kleine Arschlöcher lange Schatten«

Dieses geheimnisvolle Gemälde des führenden Vertreters der Pittura Metafisica darf vielleicht dahingehend gedeutet werden, dass de Chirico seine Zweifel am kulturellen Wert des Kleinen Arschlochs hatte. Mit dieser Meinung steht er nicht alleine da.

Picasso

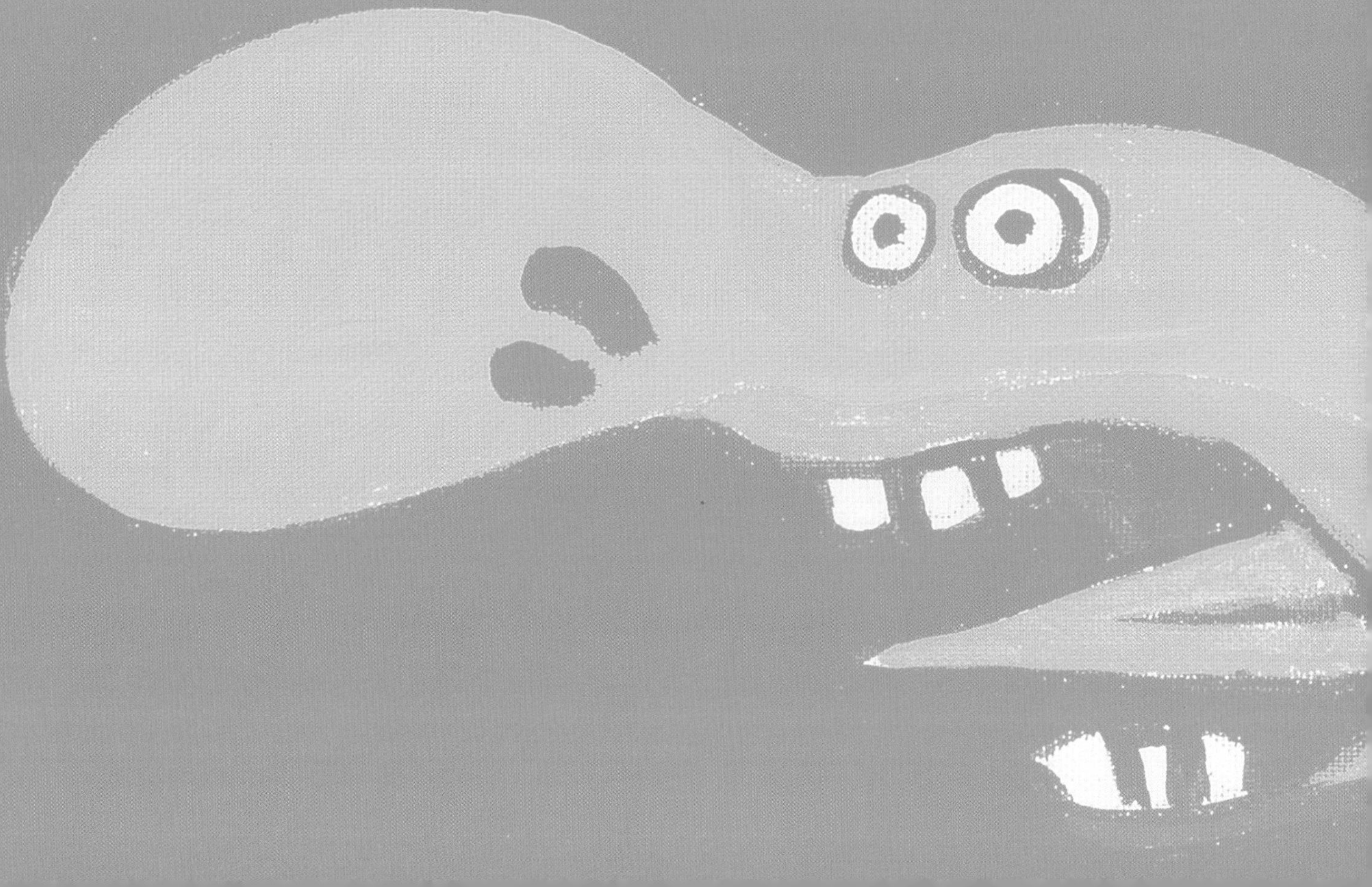

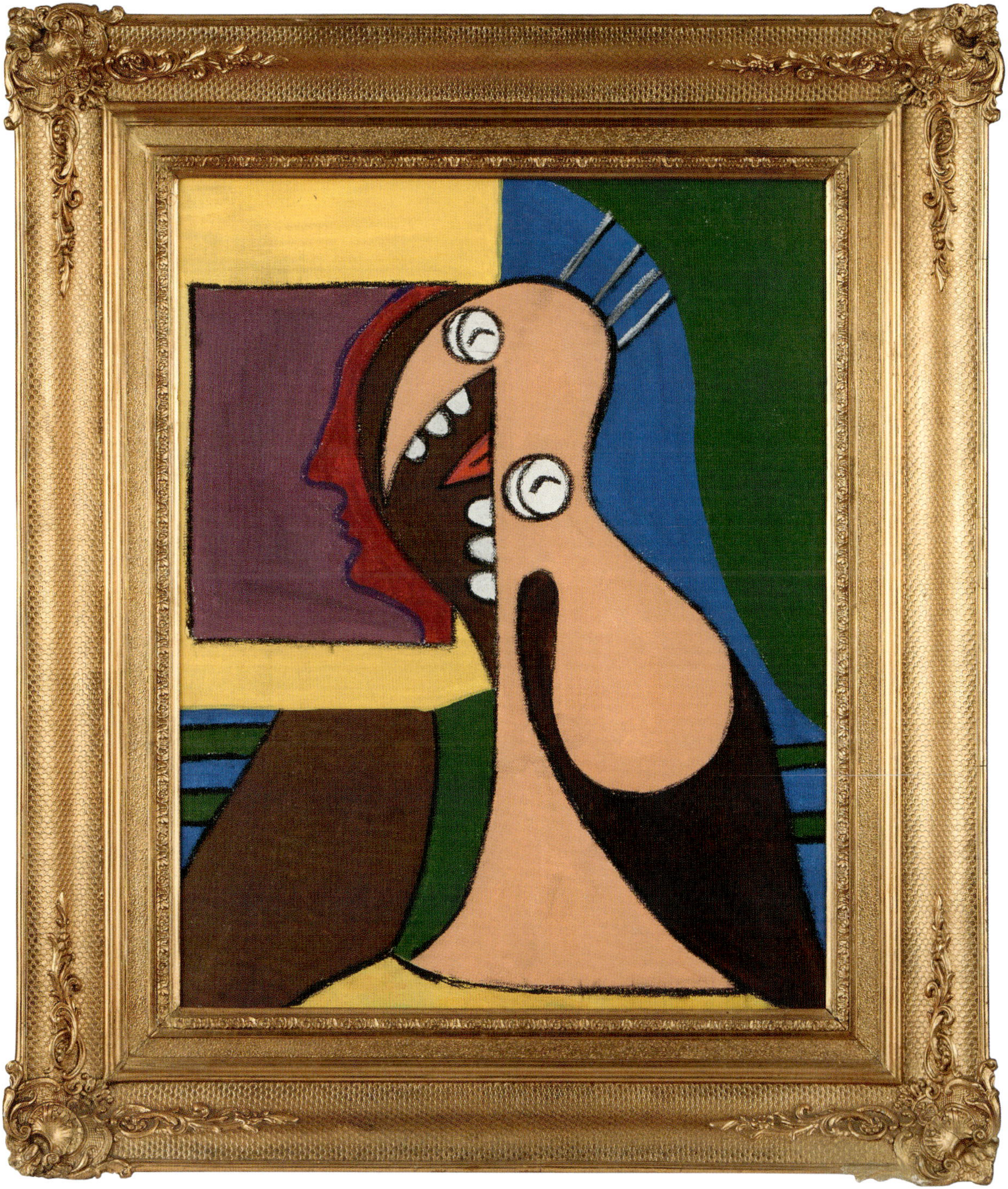

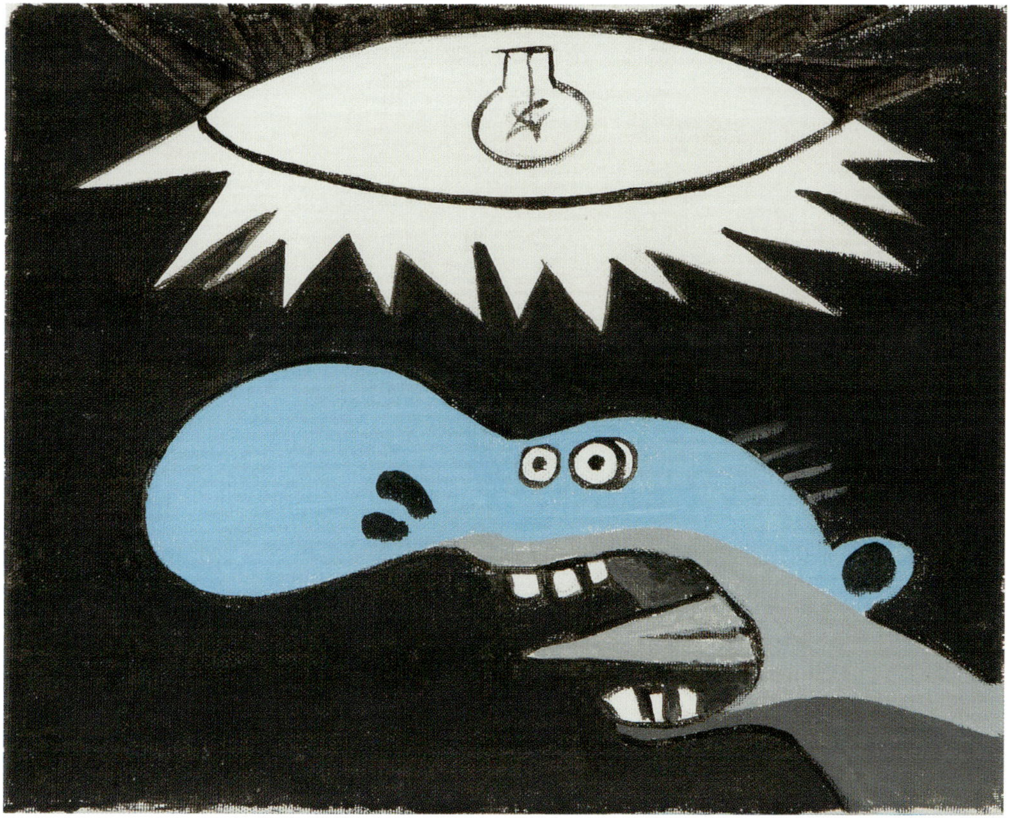

◂ **Pablo Picasso, »Arschloch mit Selbstportrait«**

Pablo Picasso ist der einzige Künstler, dem in diesem Buch ein eigenes Kapitel gewidmet ist. Er hat nach seinem Tode etwa 30.000 Gemälde und Zeichnungen hinterlassen, etwa die Hälfte davon beschäftigt sich mit dem Kleinen Arschloch. Im »Arschloch mit Selbstportrait« hat sich der Künstler einen Scherz erlaubt und sein eigenes Konterfei darin versteckt. Finden Sie es?

▴ **Pablo Picasso, »Guernica«**

Das Antikriegsgemälde »Guernica«, von dem wir aus Platzgründen (es misst 3 an 7 Meter) hier nur einen kleinen Ausschnitt präsentieren können, gilt als eindringlichster Bildappell gegen Krieg und Faschismus in der Geschichte der Malerei. Als Picasso sein Bild 1937 zum ersten Mal ausstellte, traf es die Mächtigen der Welt wie ein Keulenschlag: Krieg, Folter und Unterdrückung waren also nicht, wie bisher angenommen, »gut«, sondern eher »schlecht«. Prompt wurden weltweit alle Menschenrechtsverletzungen eingestellt.

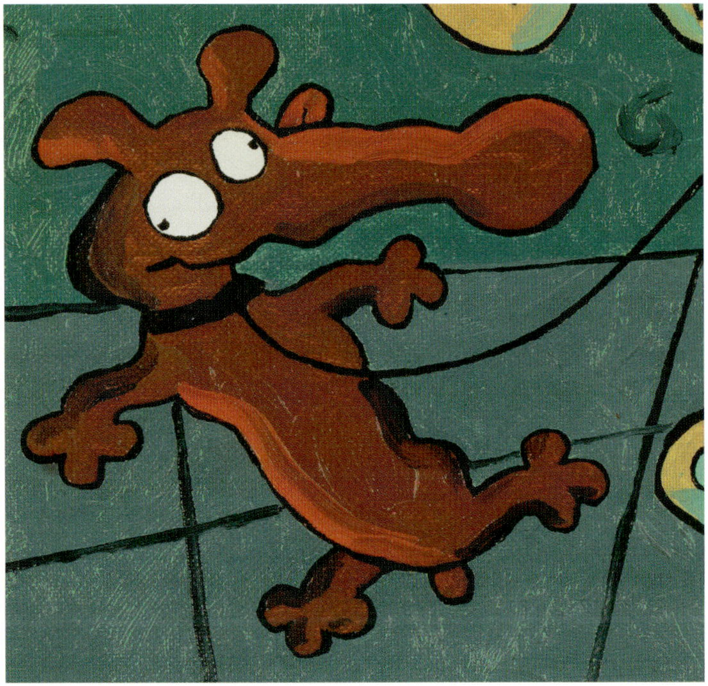

Pablo Picasso, »Guernica Nr. 27«

Picasso war berüchtigt für die zahlreichen Variationen, die er von seinen eigenen Werken schuf. Diese späte Fassung von »Guernica« vermittelt uns den gereiften Künstler. Er hat das ursprünglich symbolüberfrachtete Bild von überflüssigem Tand gereinigt, sterbende Pferde und Glühbirnen sucht man hier vergeblich. Vier Symbole bleiben übrig: die raumbeherrschende menschliche Figur steht für den Krieg, der Hund für das geknechtete Volk, die Hundeleine für die Tyrannei des Faschismus, die Kringel im Hintergrund für die Todesspirale des Wettrüstens. Eindringlicher sind wohl niemals die Schrecken nichtdemokratischer Politik in Öl gebannt worden.

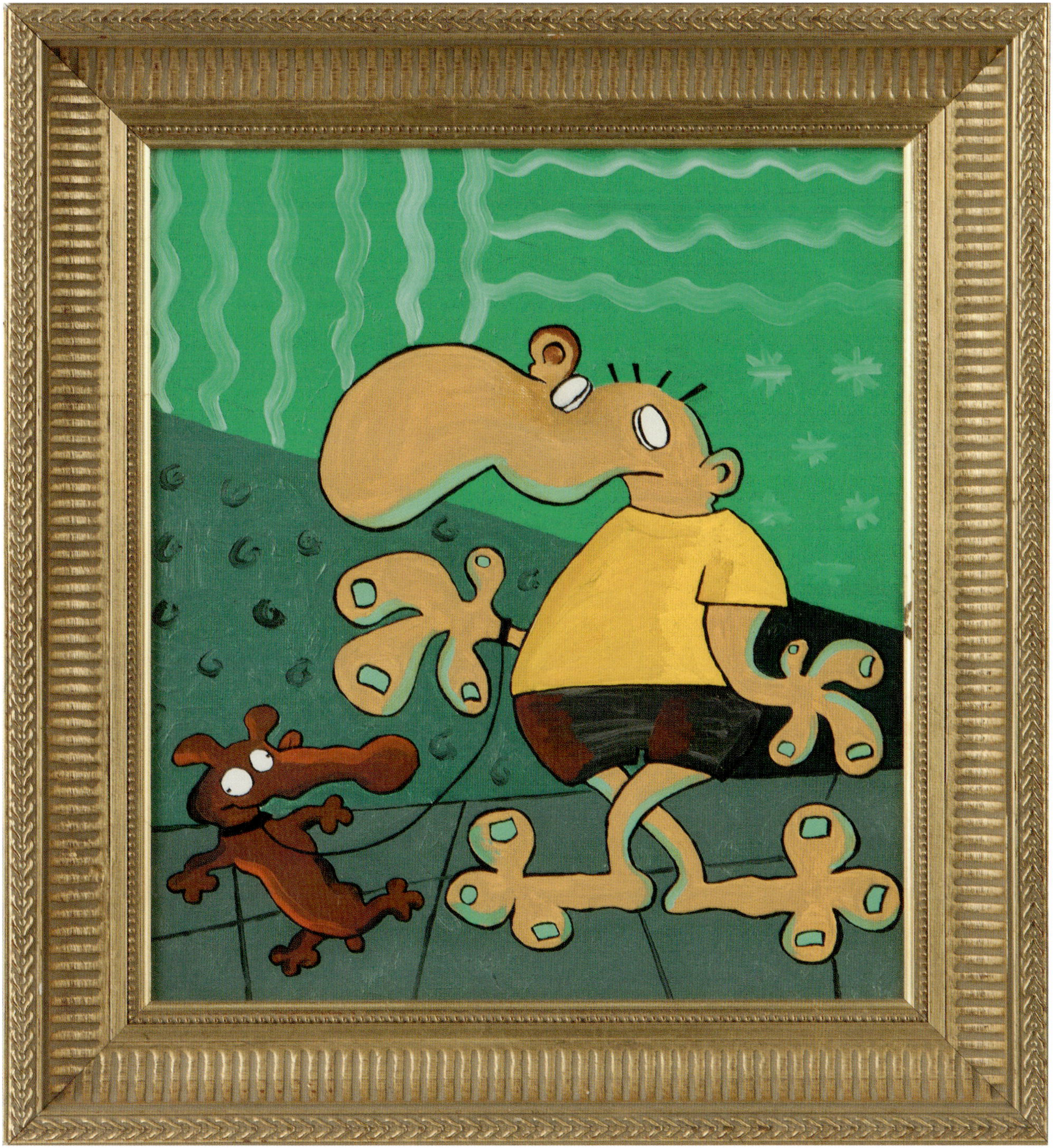

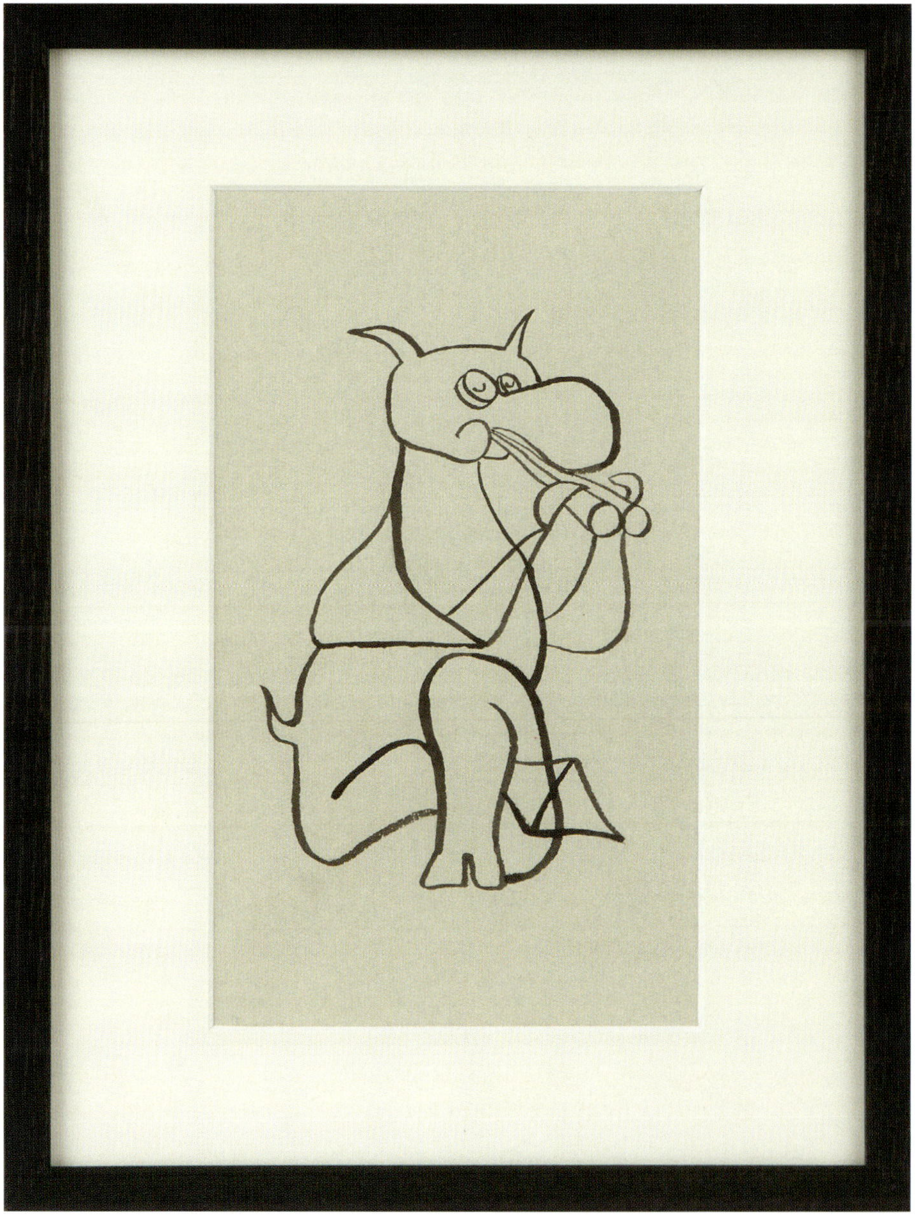

Pablo Picasso, »Faun«

Die ganz Modernen

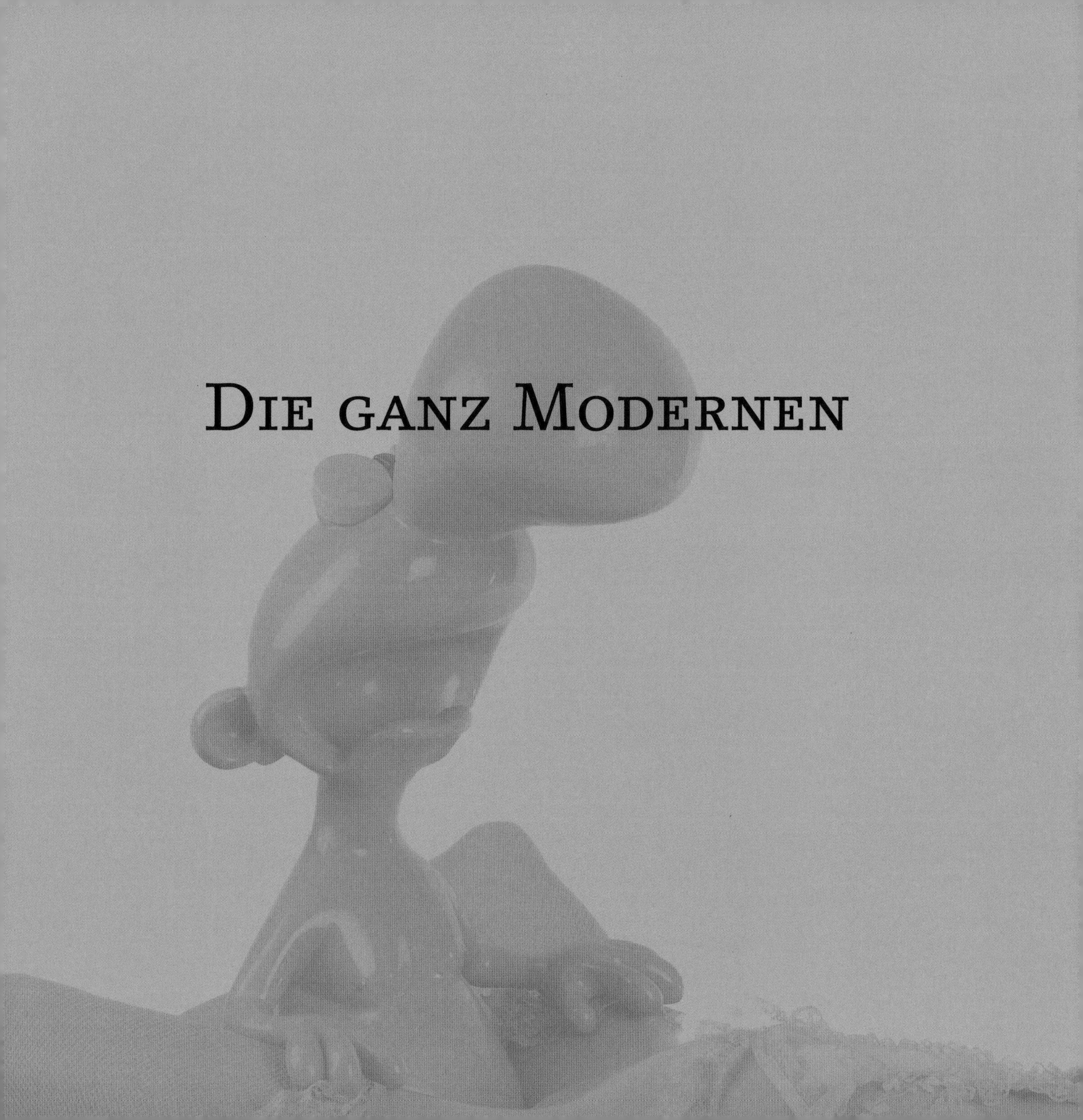

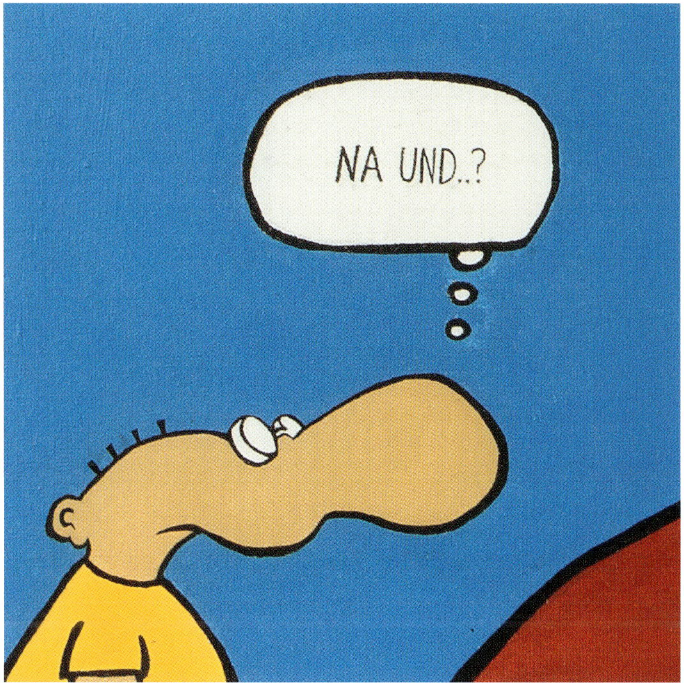

Roy Lichtenstein, »Du… Du…«

Die Popart transportierte erstmals triviale Elemente aus der Alltagskultur, der Werbung und dem Comicstrip auf die Leinwand. Je niedriger, kleiner und gemeiner der Gegenstand, umso besser. Was bot sich dazu besser an als das Kleine Arschloch?

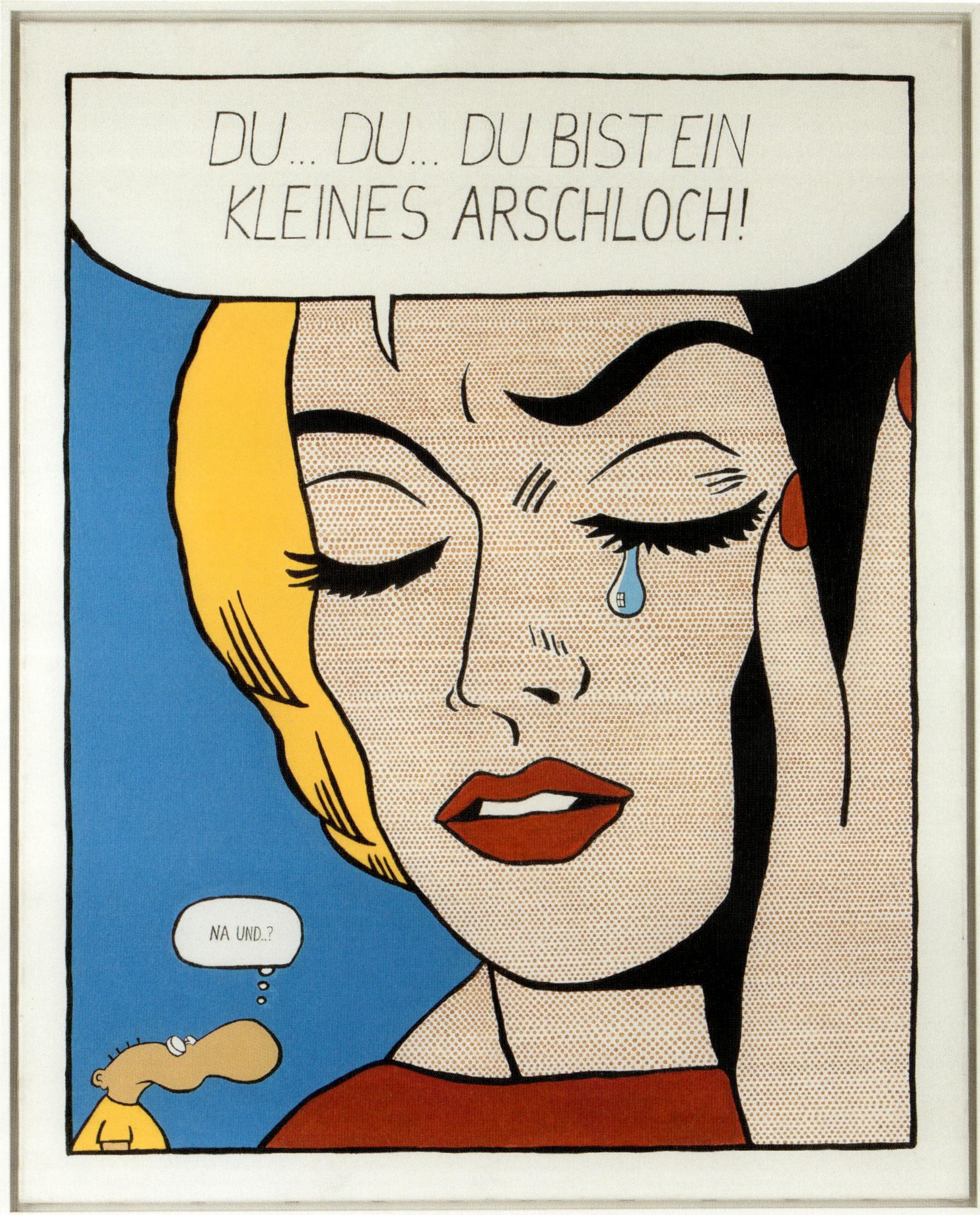
DU... DU... DU BIST EIN KLEINES ARSCHLOCH!
NA UND..?

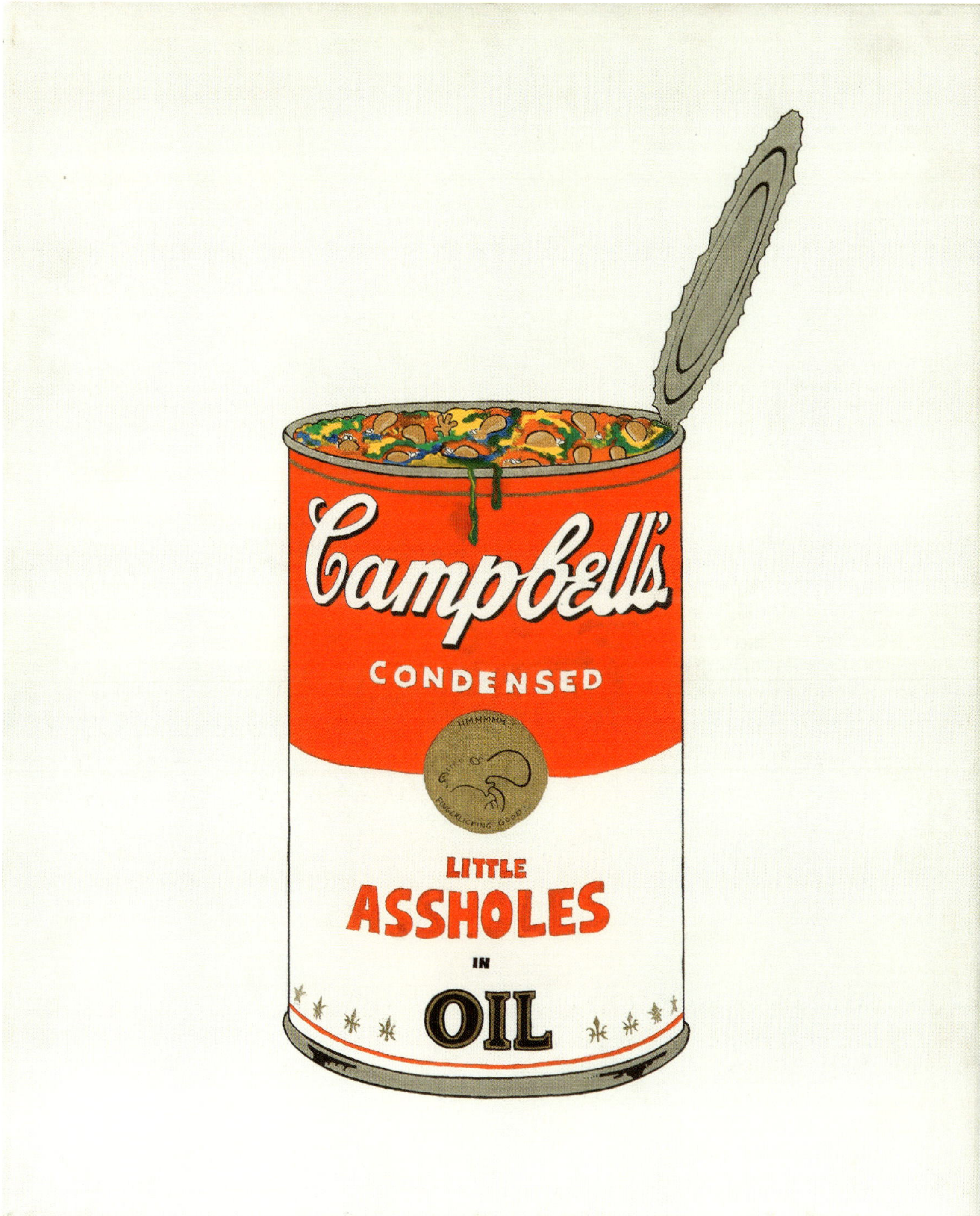
Campbell's
CONDENSED
HMMMMM
FINGERLICKING GOOD
LITTLE
ASSHOLES
IN
OIL

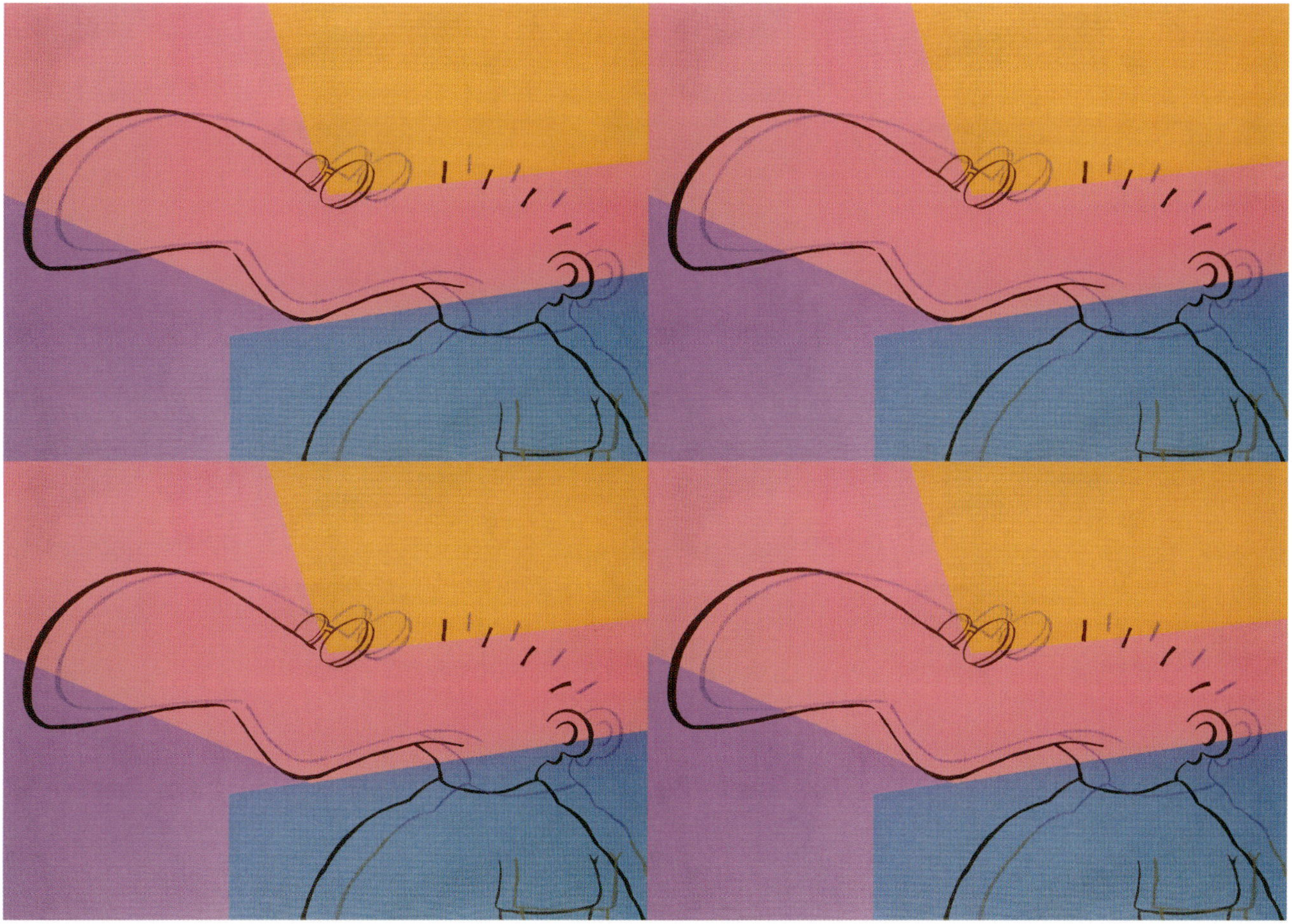

Andy Warhol, »Little Assholes in Oil«/ Portraitserie »Little Asshole«

Andy Warhol, keinem modischen Trend verschlossen, musste da natürlich mithalten. Seine »Little Assholes in Oil« katapultierten ihn aus einer anonymen New Yorker Künstlerexistenz zum Weltruhm. In späteren Jahren griff er noch mal auf sein altes Sujet zurück und schuf eine großflächige Portraitserie (»Myth Series«) mit dem Kleinen Arschloch.

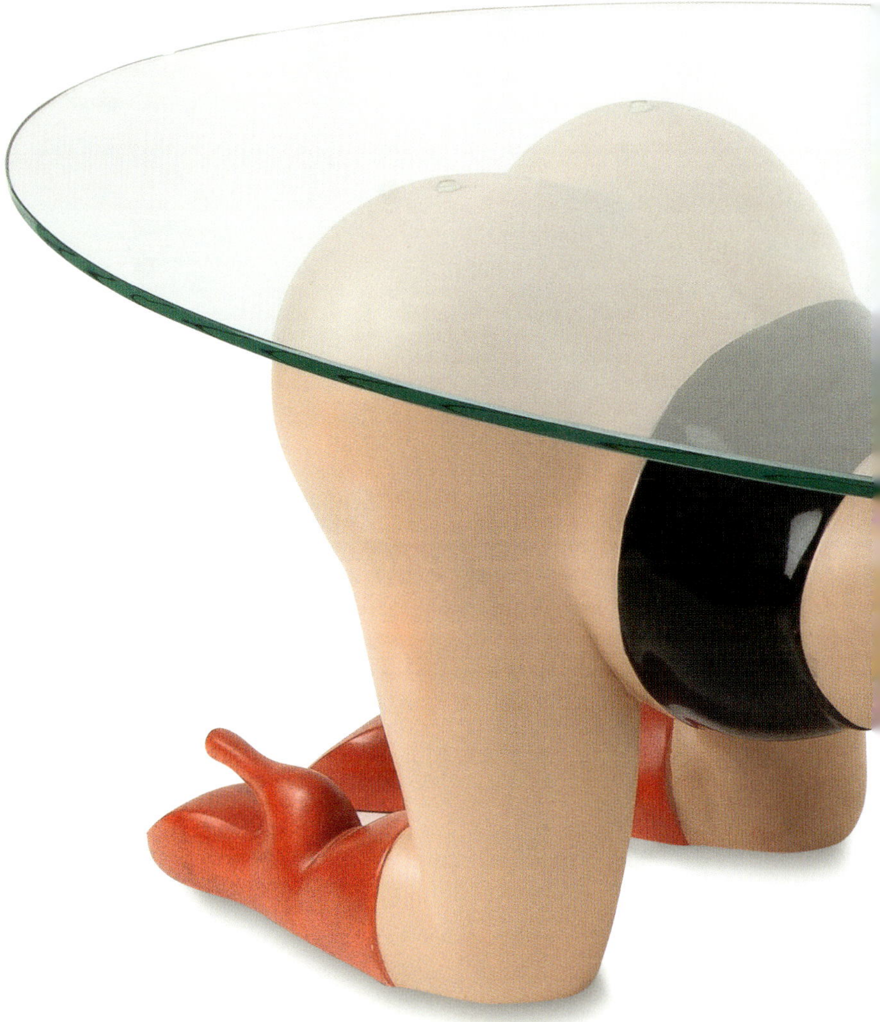

Allen Jones, Tisch

Ist das noch ein Tisch oder bereits eine Zumutung?
Ein praktisches Möbel oder eine Provokation?
Dazu ist die Kunst da: Um uns solche Fragen zu stellen – und sie dann nicht zu beantworten.

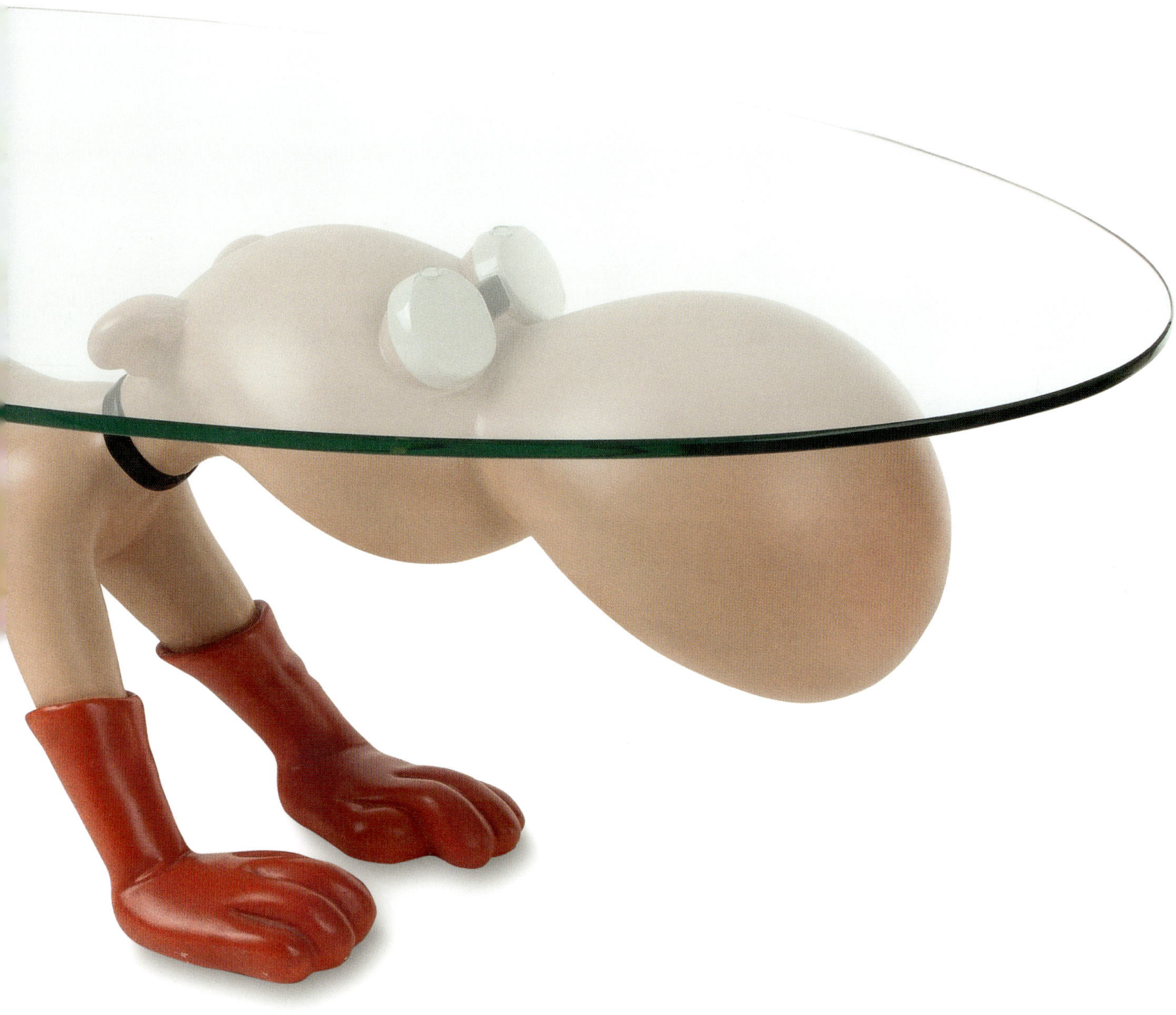

Georg Baselitz, »Figur«

Georg Baselitz war der erste Maler, der das Kleine Arschloch auf den Kopf stellte. Er bediente sich dabei einer komplizierten und strapaziösen Technik, bei der der Künstler mit dem Kopf nach unten von der Decke hängt, was auch die etwas hastige und schludrige Malweise erklärt.

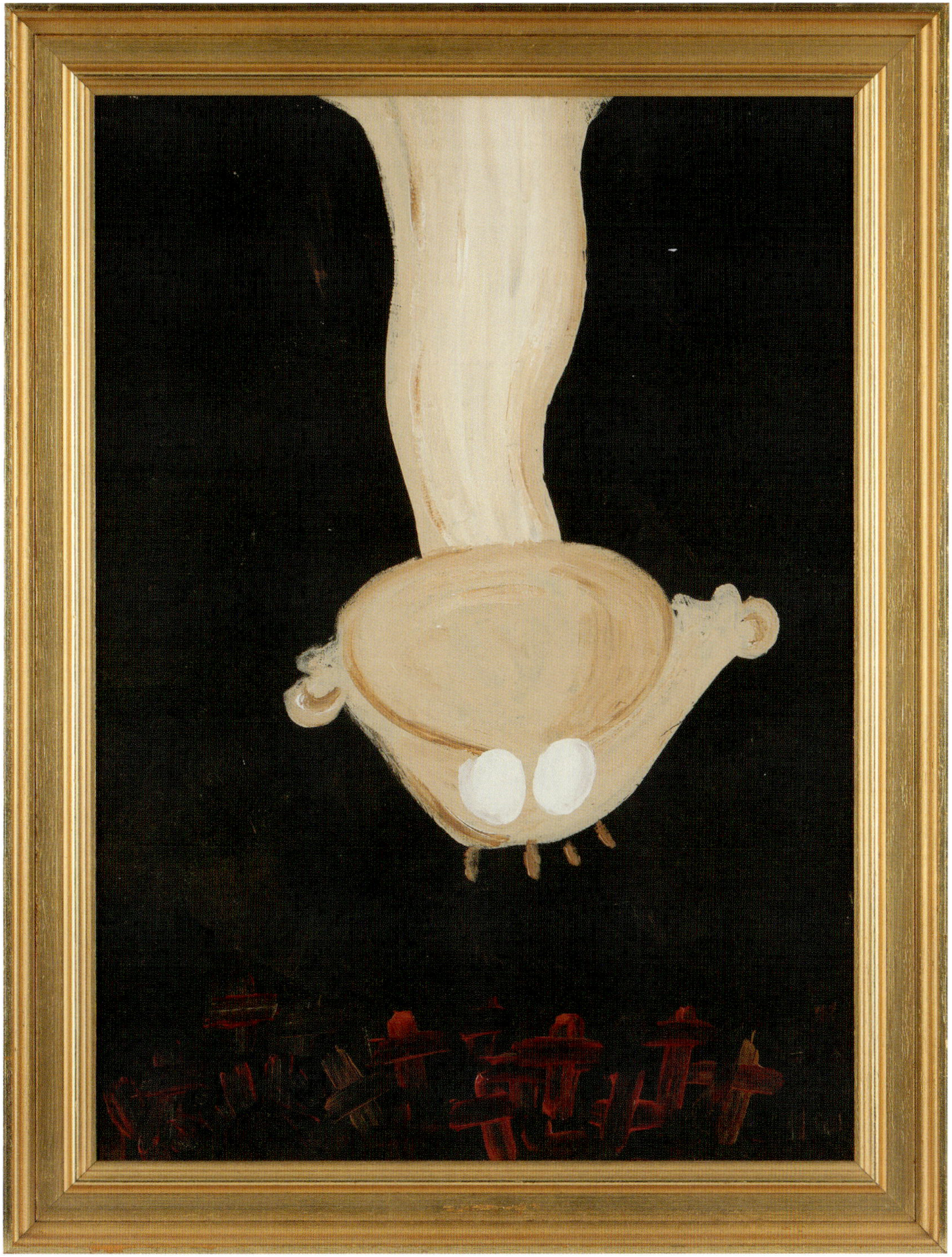

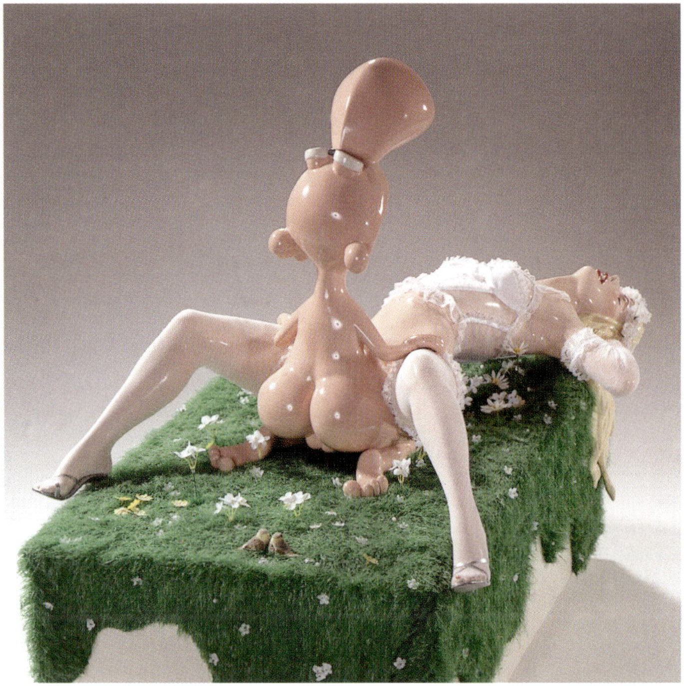

Jeff Koons, Cicciolina

Der eigentliche Tabubruch dieser Skulptur liegt wahrscheinlich nicht in der Darstellung eines Geschlechtsverkehrs, sondern darin, dass Jeff Koons das Objekt von Herrgottsschnitzern in Oberammergau herstellen ließ – der Künstler verweigert sich dem kreativen Prozess. Da dies heutzutage die Regel ist, finden wir ganz normal. Damals war es eine Sensation.

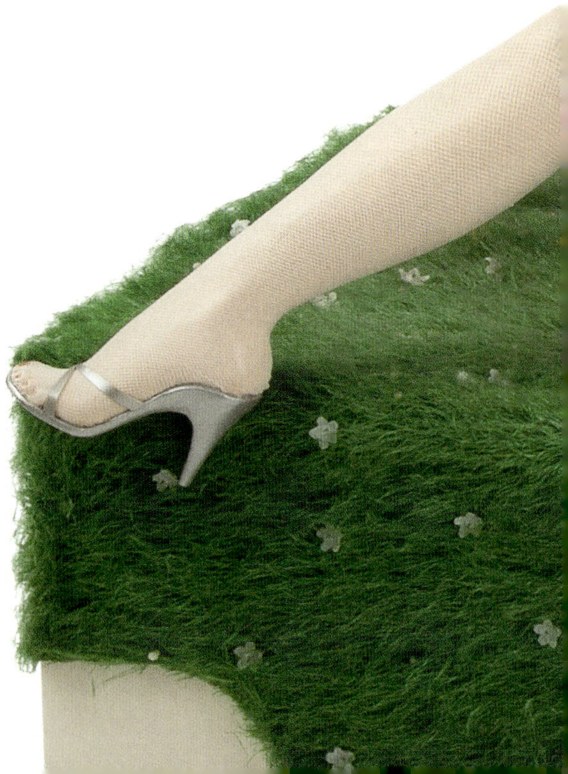

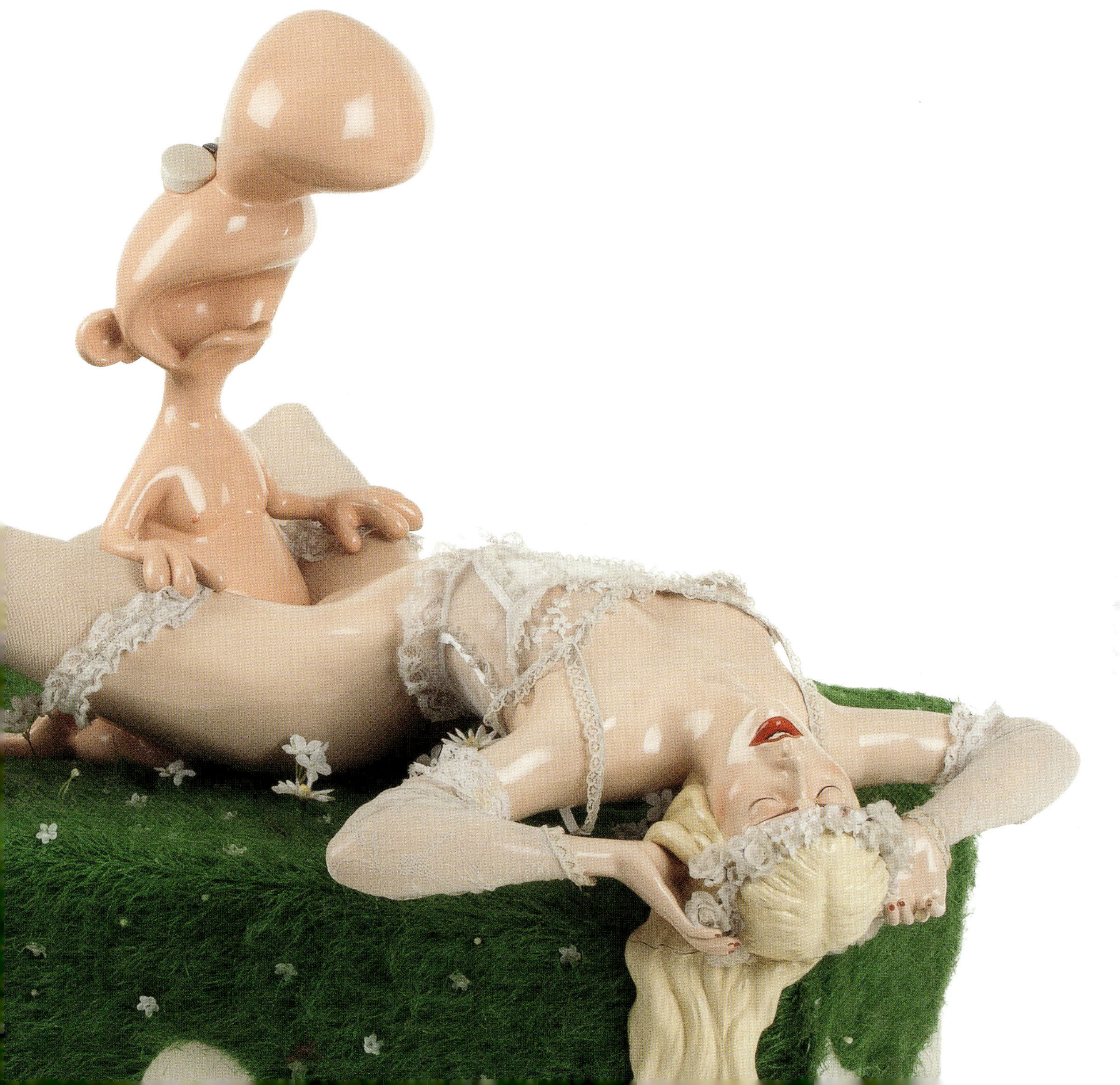

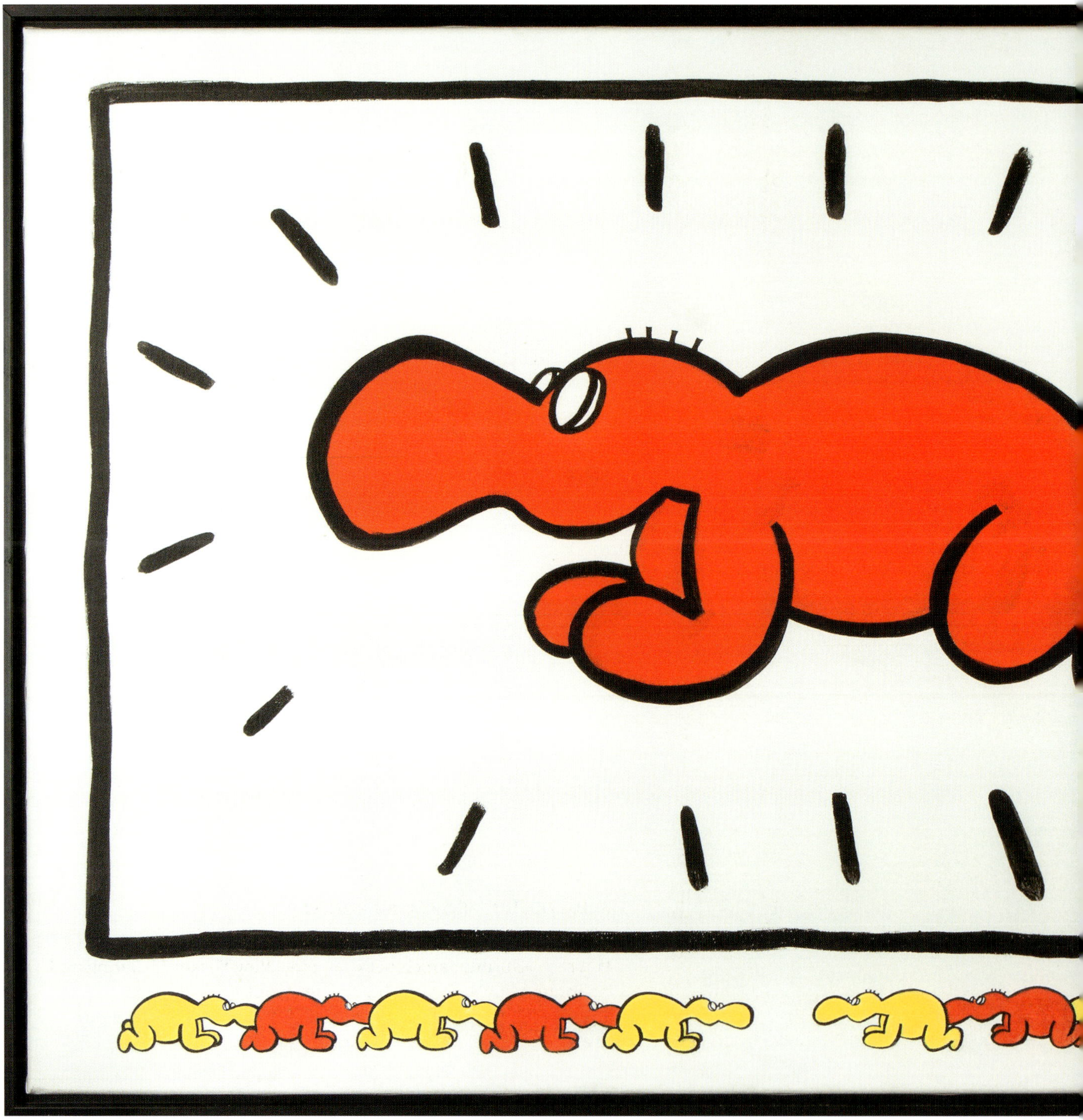

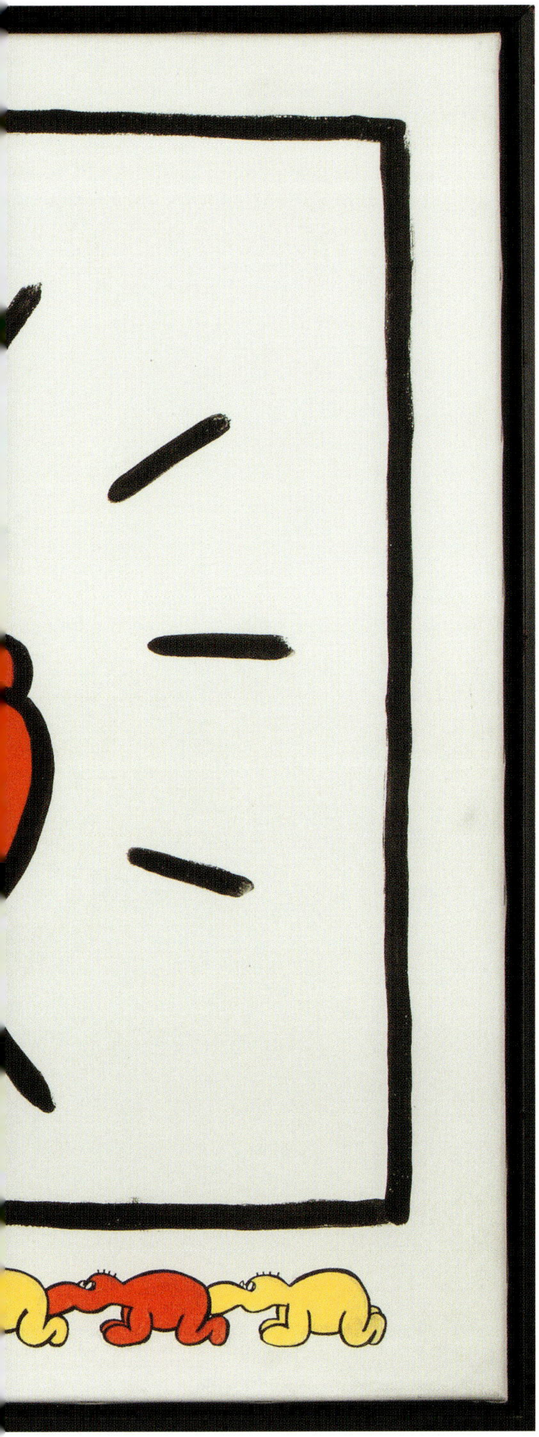

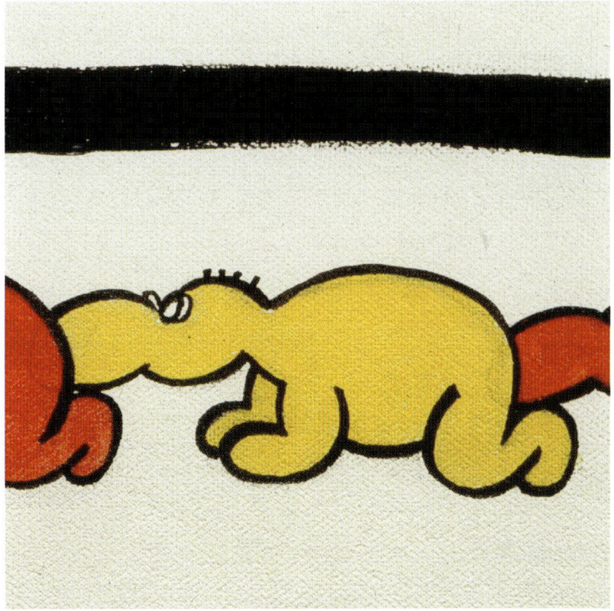

Keith Haring, »Strahlenarschloch«

1976 zeichnete der junge amerikanische Künstler zum ersten Mal sein »Strahlenarschloch« auf eine New Yorker U-Bahnwand. Er ahnte damals noch nicht, dass er damit nicht nur sein Markenzeichen, sondern auch eins der populärsten Embleme der 80er Jahre entworfen hatte.

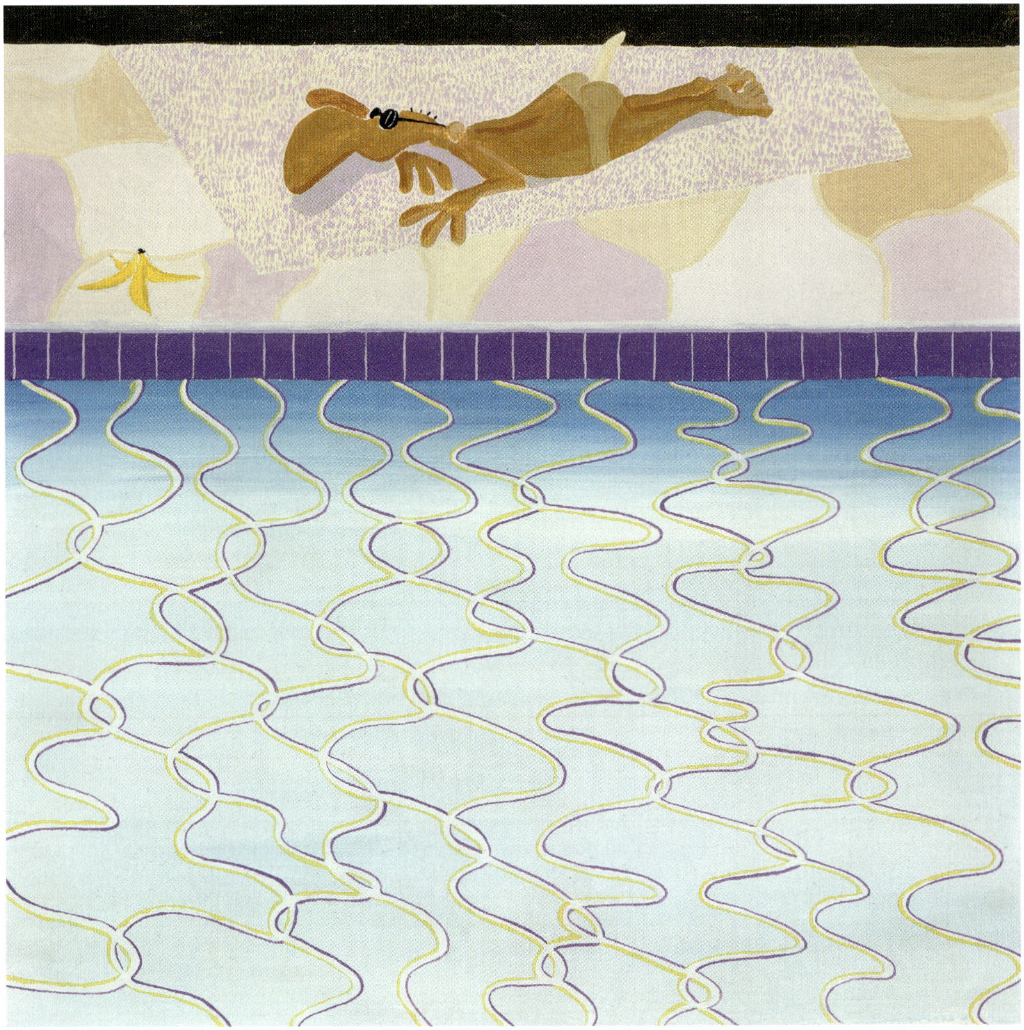

David Hockney, »Nach der Kokain-Orgie«

David Hockney gilt als der unbestechliche Chronist der kalifornischen Hollywood-Dekadenz. Der Titel seines Bildes erklärt nicht nur die bizarre Platzierung der Südfrucht, sondern auch die Luftschlangen im Swimmingpool.

Randgebiete der Kunst

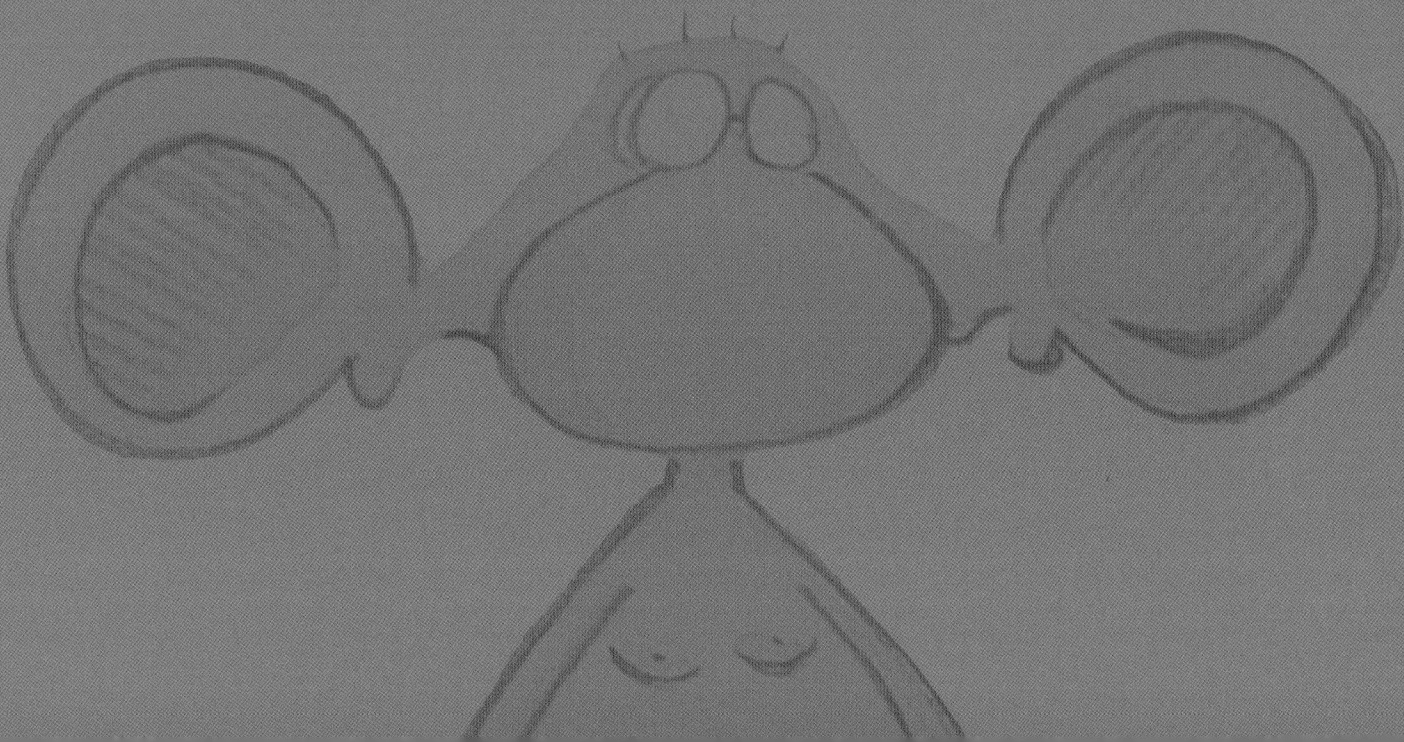

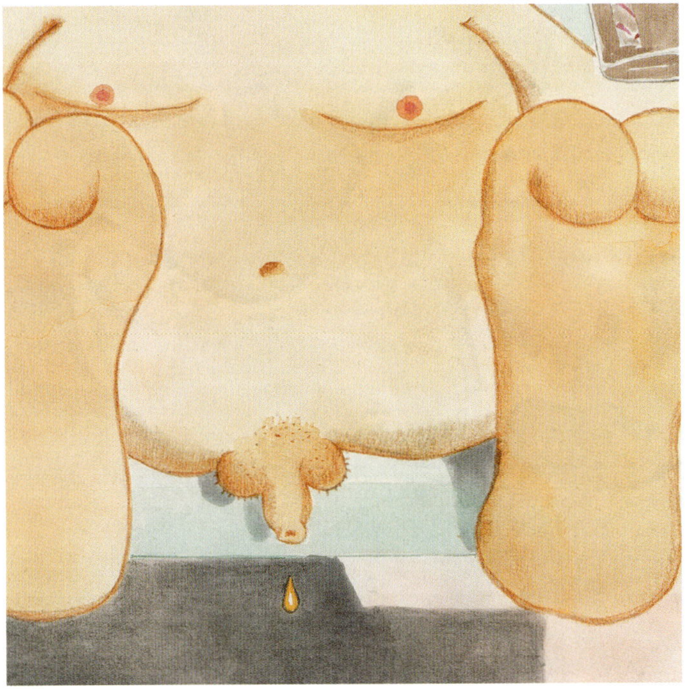

Michael Bedard, »Sitting Asshole«

Das Bild »Sitting Asshole« war wohl eines der bestverkauften Poster aller Zeiten. »Mir ging es darum, die Kinderfeindlichkeit unserer Zeit an den Pranger zu stellen«, erklärt der engagierte Künstler. »Außerdem verdichtete ich darin die Gefahren des Nacktsonnenbadens ohne ausreichenden Lichtschutzfaktor.« Ein gelungenes Beispiel dafür, dass ein triviales Medium wie das Poster didaktische Inhalte vermitteln kann. Wer möchte nach eingehender Betrachtung des Bildes nicht der Kinderfeindlichkeit bedingungslos den Kampf ansagen? Wohl nur ein Unmensch.

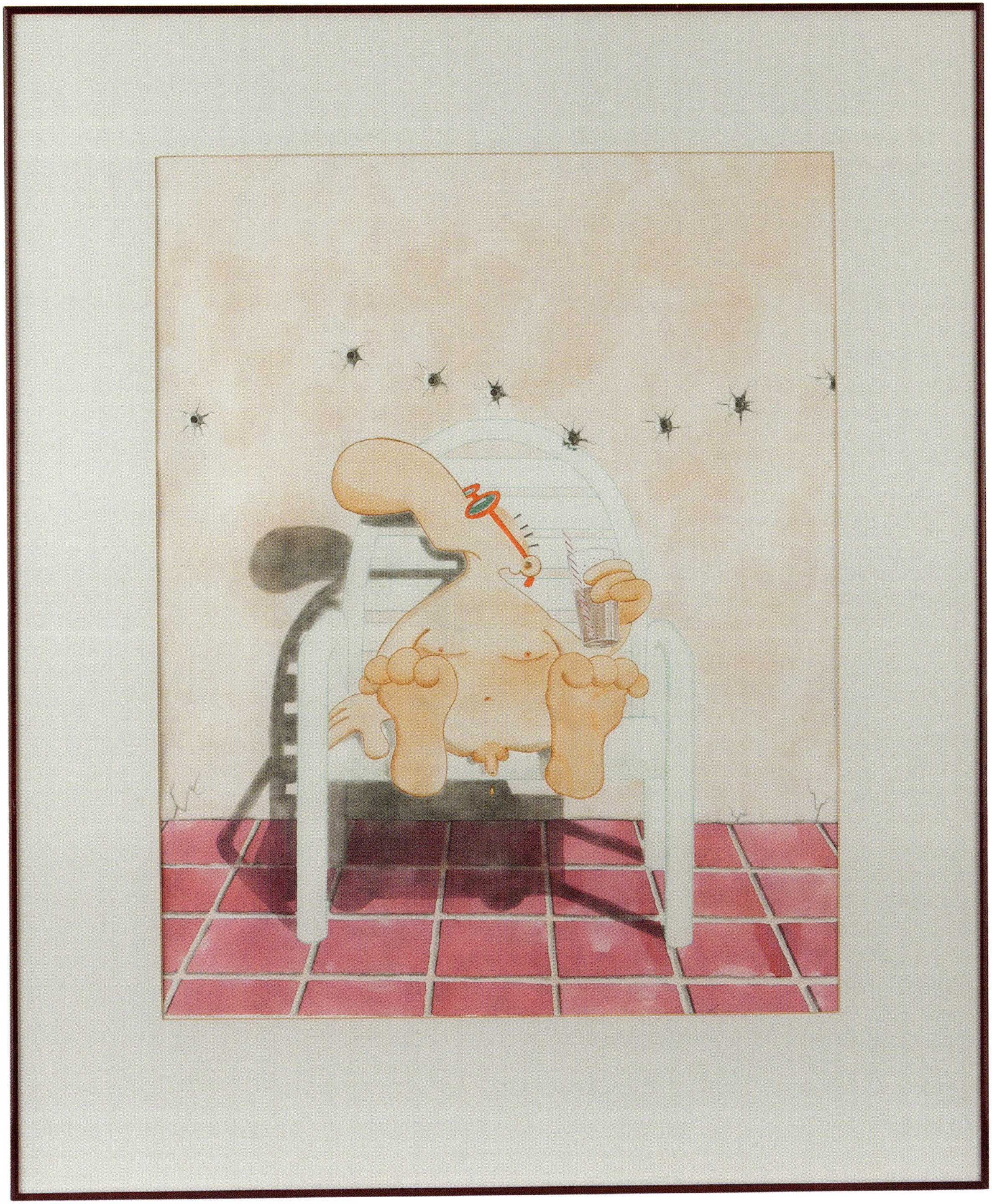

M.C.Escher, »Arschlochtierchen«

Das kleine Arschlochtierchen (Anus anus) gilt als die einzige Spezies, die sich selbst mit der Nase in den Po ficken kann. Hierzu krümmt sich das Arschlochtierchen auf das Possierlichste zusammen, zwängt seine Nase durch den Schliessmuskel und setzt seinen Weg munter rollend fort, wobei es gerne einen seltsam melancholischen Gesang vorwiegend obszönen Inhalts zum Besten gibt. So befruchtet dieser muntere Geselle nicht nur sich selbst, sondern kommt auch noch ein tüchtiges Stück des Weges voran. Nach kaum 4 Wochen kommt es dann unter Wehgeschrei zur Niederkunft: Bis zu fünf Nachkommen werden über den Darmausgang ausgeschieden, mit heuchlerischer Mutterliebe überschüttet und dann bei der erstbesten Gelegenheit am Wegesrand im Stich gelassen. Auch ansonsten bietet das Verhalten des Arschlochtierchens einigen Anlass zur Bestürzung. So imitiert es gerne und gekonnt die Lock- und Balzrufe anderer Tierarten, um die Gefoppten dann aus sicherer Entfernung mit Spott und Hohn zu überschütten. Eine heimtückische Intelligenz, die man ansonsten im gesamten Tierreich vergeblich sucht, scheint der grundlegende Charakterzug des kleinen Arschlochtierchens zu sein. Man hat schon Vertreter dieser Gattung beobachtet, die hohnlachend auf frisch gedeckte Altäre urinierten.

Wenn ein Arschlochtierchen in Gefahr gerät, wirft es sich auf den Rücken und ruft nach dem Artenschutz – selbst Schakale zeigen in Notsituationen mehr Würde. Arschlochtierchen sind Einzelgänger: Wenn man im Zoo zwei Tiere dieser Gattung in einen Käfig steckt, schreiben beide anonyme Verleumdungsbriefe an den Zoodirektor. Dennoch rotten sich jeden Frühherbst Millionen von Arschlochtierchen an der Côte d'Azur zusammen und versuchen gemeinsam, das Mittelmeer zuzuscheissen. Ein solcher Exzess von kollektiver Asozialität ist in der ganzen Tierwelt ohne Beispiel. So ist es wenig verwunderlich, dass das Arschlochtierchen auf der Lebensformenbeliebtheitsskala noch unter dem Bandwurm rangiert: Selbst radikale Mitglieder des Tierschutzvereins fordern seine gnadenlose Ausrottung. In Brasilien gehört Arschlochtierchenjagen zu den Schulpflichtfächern, in Japan werden Kopfgelder gezahlt. Aber wer einmal ein Arschlochtierchen bei dem einsamen Akt der Selbstbefruchtung beobachten und seinem bittersüssen Gesang lauschen durfte, der vergisst seinen Hass und empfindet nur noch Mitleid für diesen kleinen, unsympathischen, schlechtriechenden, kurzsichtigen Irrläufer der Evolution.

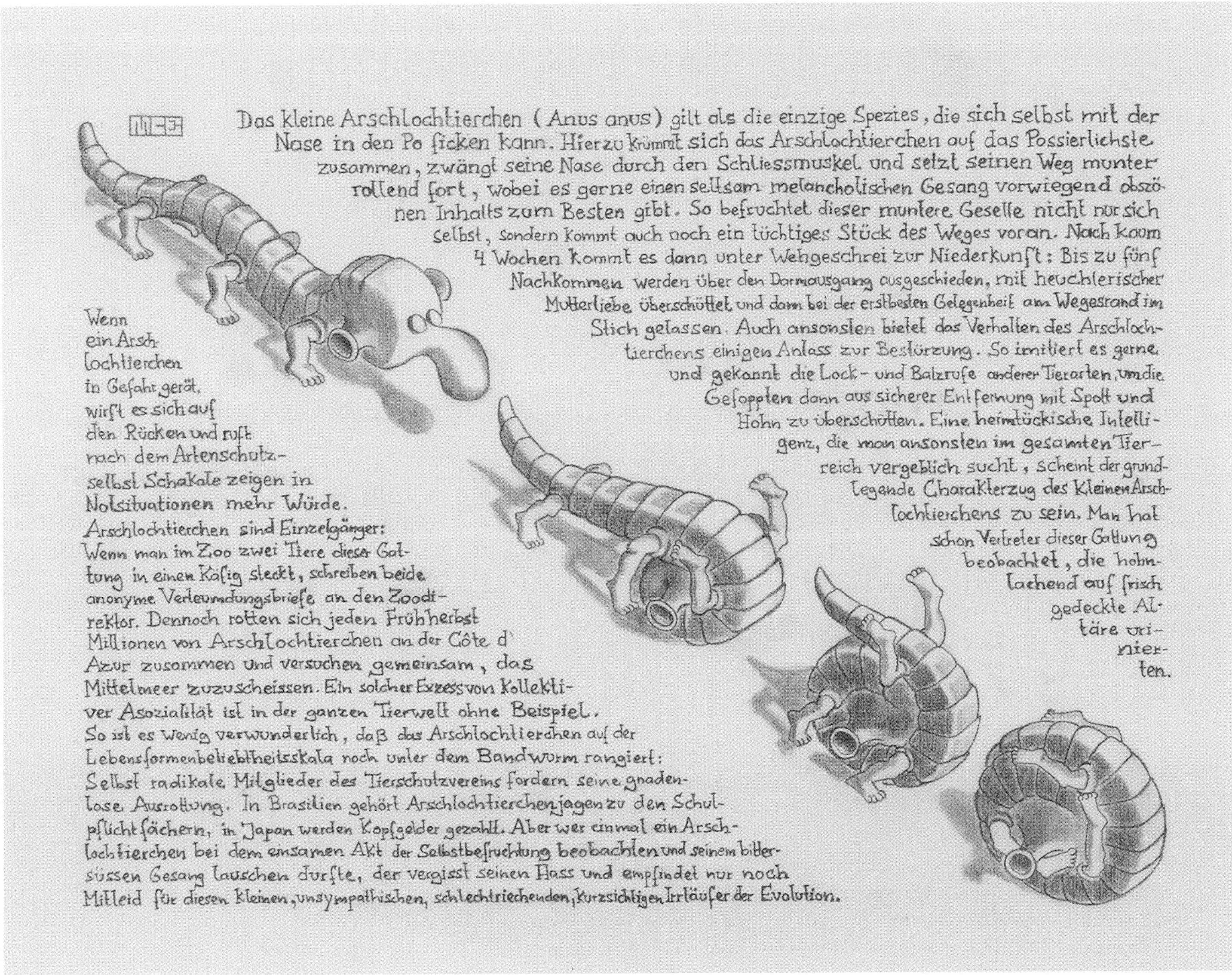
Das kleine Arschlochtierchen (Anus anus) gilt als die einzige Spezies, die sich selbst mit der Nase in den Po ficken kann. Hierzu krümmt sich das Arschlochtierchen auf das Possierlichste zusammen, zwängt seine Nase durch den Schliessmuskel und setzt seinen Weg munter rollend fort, wobei es gerne einen seltsam melancholischen Gesang vorwiegend obszönen Inhalts zum Besten gibt. So befruchtet dieser muntere Geselle nicht nur sich selbst, sondern kommt auch noch ein tüchtiges Stück des Weges voran. Nach kaum 4 Wochen kommt es dann unter Wehgeschrei zur Niederkunft: Bis zu fünf Nachkommen werden über den Darmausgang ausgeschieden, mit heuchlerischer Mutterliebe überschüttet und dann bei der erstbesten Gelegenheit am Wegesrand im Stich gelassen. Auch ansonsten bietet das Verhalten des Arschlochtierchens einigen Anlass zur Bestürzung. So imitiert es gerne und gekonnt die Lock- und Balzrufe anderer Tierarten, um die Gefoppten dann aus sicherer Entfernung mit Spott und Hohn zu überschütten. Eine heimtückische Intelligenz, die man ansonsten im gesamten Tierreich vergeblich sucht, scheint der grundlegende Charakterzug des kleinen Arschlochtierchens zu sein. Man hat schon Vertreter dieser Gattung beobachtet, die hohnlachend auf frisch gedeckte Altäre urinierten.
Wenn ein Arschlochtierchen in Gefahr gerät, wirft es sich auf den Rücken und ruft nach dem Artenschutz- selbst Schakale zeigen in Notsituationen mehr Würde. Arschlochtierchen sind Einzelgänger: Wenn man im Zoo zwei Tiere dieser Gattung in einen Käfig steckt, schreiben beide anonyme Verleumdungsbriefe an den Zoodirektor. Dennoch rotten sich jeden Frühherbst Millionen von Arschlochtierchen an der Côte d`Azur zusammen und versuchen gemeinsam, das Mittelmeer zuzuscheissen. Ein solcher Exzess von kollektiver Asozialität ist in der ganzen Tierwelt ohne Beispiel. So ist es wenig verwunderlich, daß das Arschlochtierchen auf der Lebensformenbeliebtheitsskala noch unter dem Bandwurm rangiert: Selbst radikale Mitglieder des Tierschutzvereins fordern seine gnadenlose Ausrottung. In Brasilien gehört Arschlochtierchenjagen zu den Schulpflichtfächern, in Japan werden Kopfgelder gezahlt. Aber wer einmal ein Arschlochtierchen bei dem einsamen Akt der Selbstbefruchtung beobachten und seinem bittersüssen Gesang lauschen durfte, der vergisst seinen Hass und empfindet nur noch Mitleid für diesen kleinen, unsympathischen, schlechtriechenden, kurzsichtigen Irrläufer der Evolution.

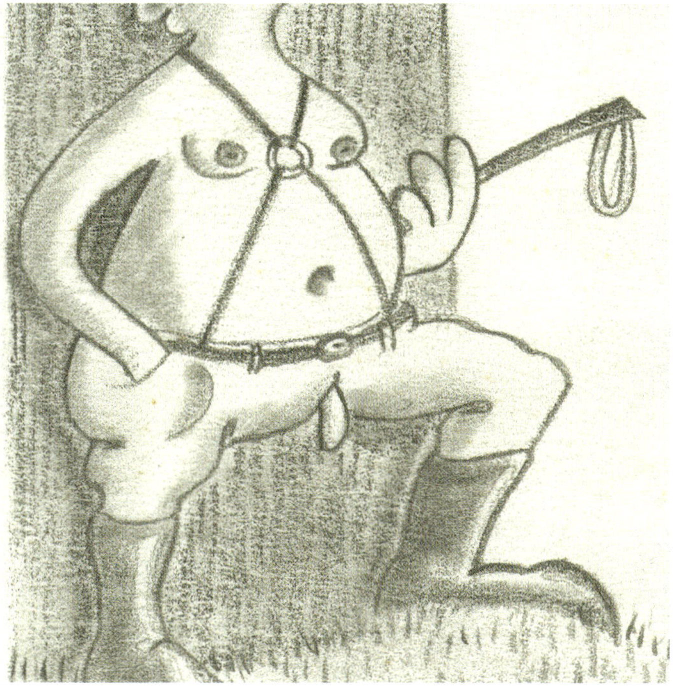

Tom of Finland, »Der neue Vorarbeiter«

Das Kleine Arschloch hat heutzutage den Status eines Sexsymbols erreicht, etwa vom Range eines Tom Jones oder John Holmes. Tom of Finland, der bekannte homosexuelle Masturbationsvorlagenzeichner, macht sich das in seiner Zeichnung »Der neue Vorarbeiter« zunutze. Betrachten Sie einmal eingehend den lässig an den Baum gelehnten kleinen Sexteufel – wen juckt es da nicht in den Lenden?

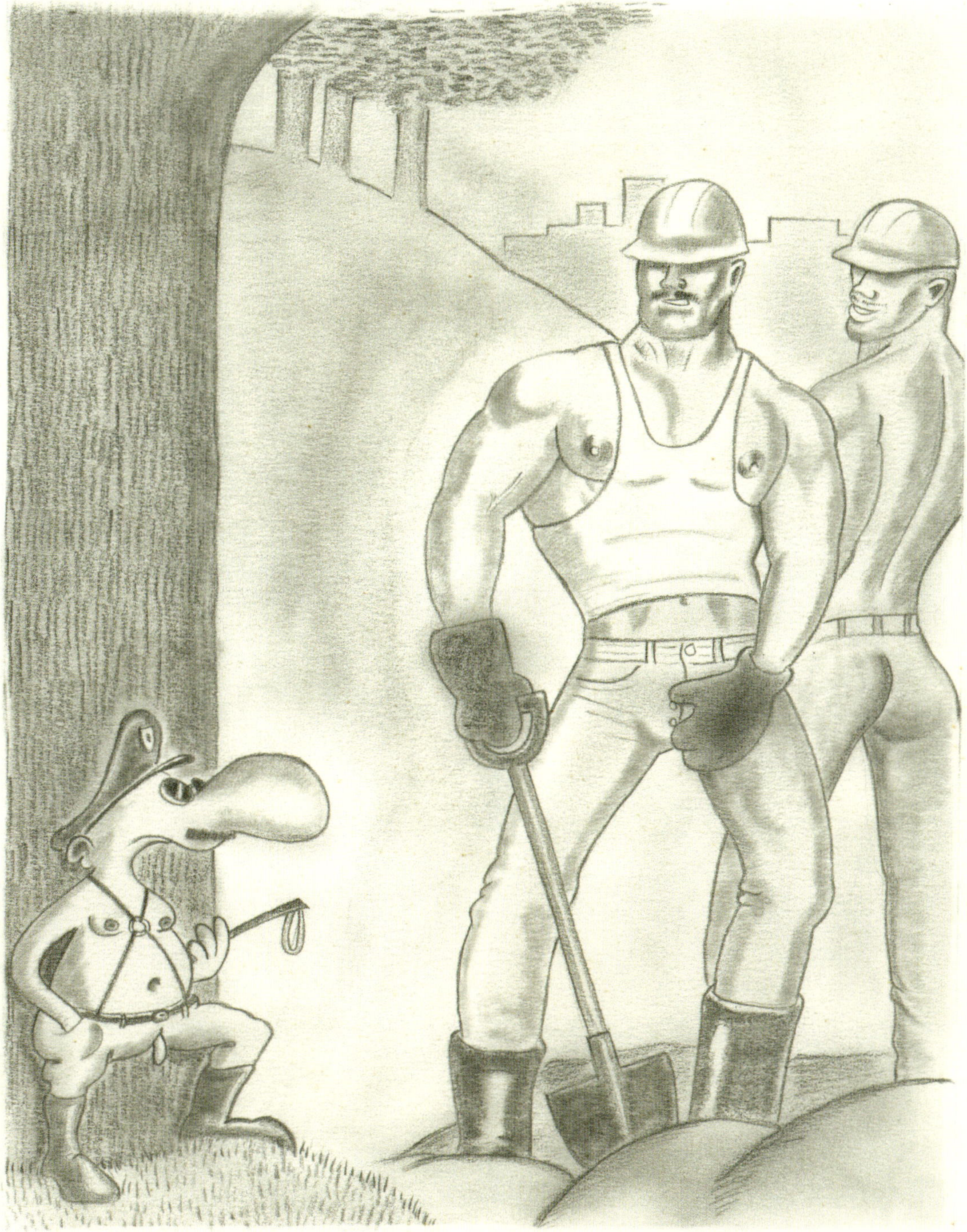

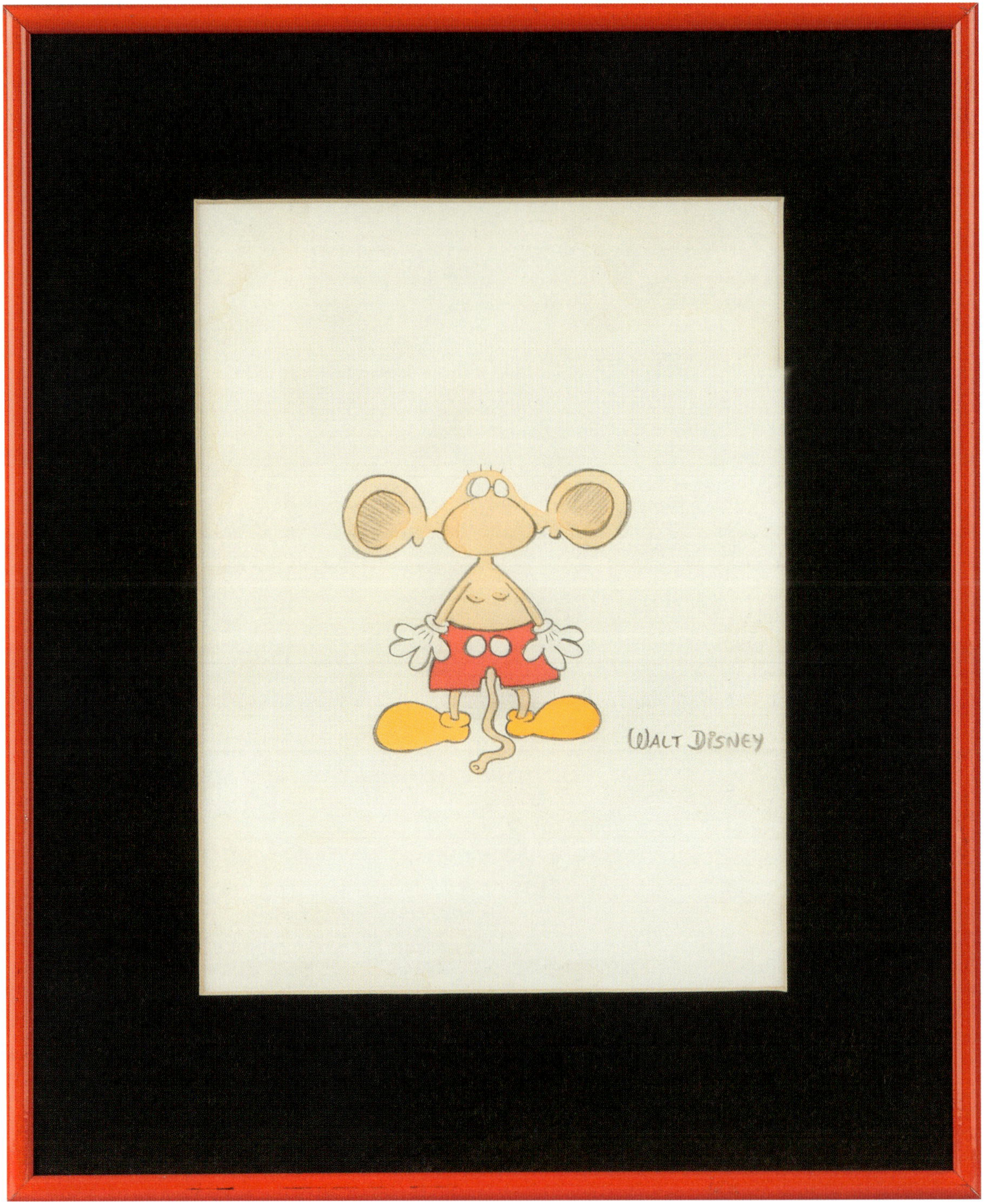
WALT DISNEY

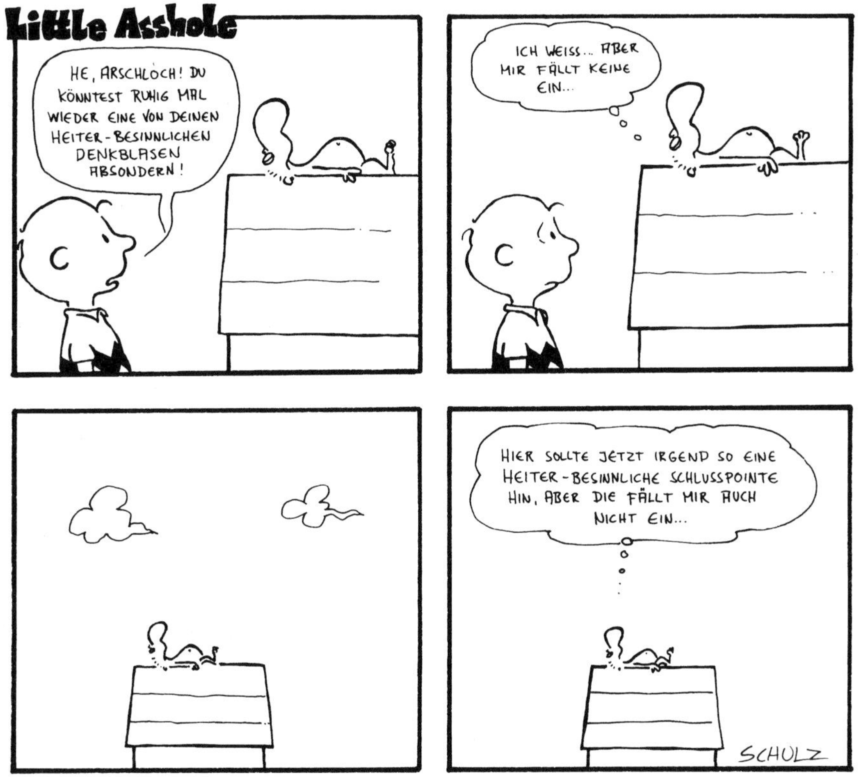

◂ **Walt Disney, »Skizze«**

»Wir saßen damals noch in dieser winzigen Garage in Burbank, Kalifornien, und lebten von der Hand in den Mund. Ich zeichnete, und mein Bruder Roy trug Zeitungen aus, um uns über Wasser zu halten. Eines Tages skizzierte ich diese kleine Figur mit den großen Ohren und dem langen Schwanz. Ich dachte mir, sie sollte von verschlagenem, zynischen Charakter sein, eine Art Symbol der Hoffnungslosigkeit in einer Welt voller Elend, Wahnsinn und Tod. Als ich die Zeichnung Roy zeigte, meinte er, wenn ich die Figur etwas sympathischer zeichnen und aus ihr einen fröhlichen, lebensbejahenden Sympathieträger machen würde, dann könnten wir damit eventuell die Welt erobern, eskapistische Königreiche errichten und eine obszöne Menge Kohle verdienen. Und so ist es dann ja auch gekommen.«
(Walt Disney, »Erinnerungen«)

▴ **Charles M. Schulz, »Little Asshole«**

1959 veröffentlichte der Amerikaner Charles M. Schulz zum ersten Mal seine Comicfigur »Little Asshole«, die daraufhin einen beispiellosen Siegeszug um die ganze Welt antrat. Der Tagesstrip wurde zeitweise von 4.638 Zeitungen gedruckt, die Figur zierte sogar Toilettenpapierrollen und Armbanduhren und hat ihren Erfinder zu einem verbitterten, piepengeilen Dollarmillionär gemacht.

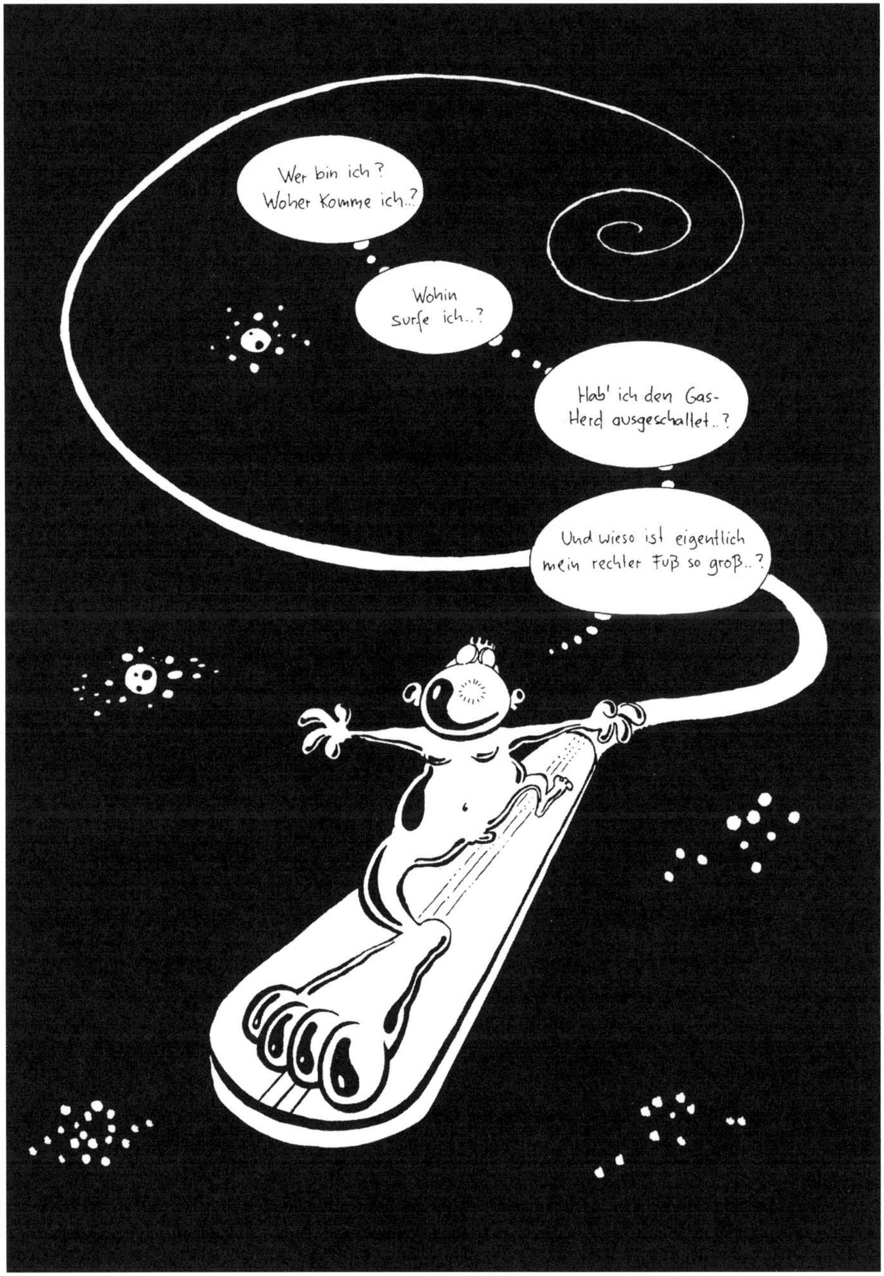

◄ **Silver Surfer**

Ob Kunst oder Comic – die letzten großen Fragen kann uns niemand beantworten – nicht einmal der Silver Surfer.

► **Superarsch**

Was 1938 mit einem billigen Groschenheft begann, hat sich heute zu einem globalen Mega-Franchise von Superheldencomics, Computerspielen und Blockbusterfilmen entwickelt: Auch eine Kunst.

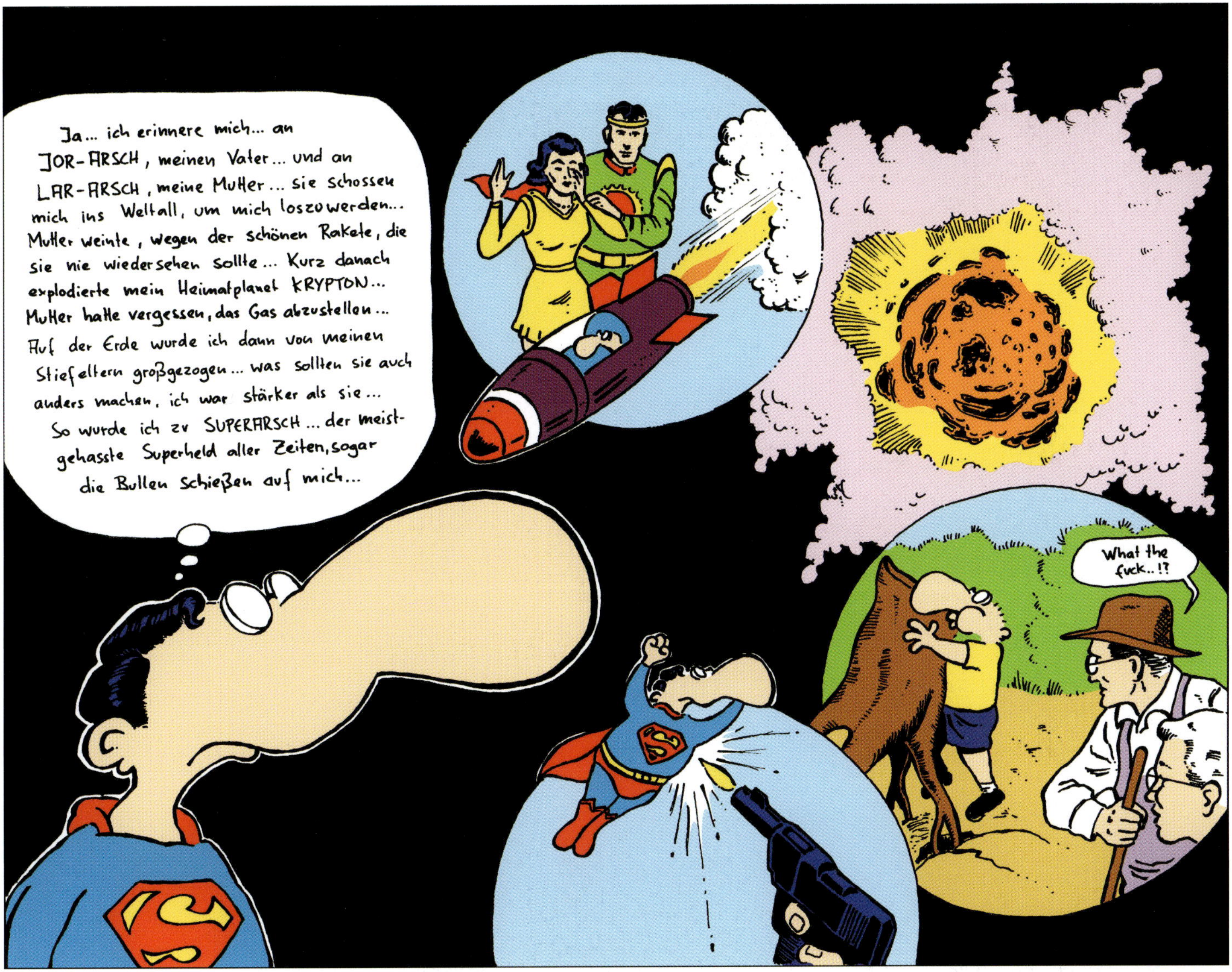
Ja... ich erinnere mich... an JOR-ARSCH, meinen Vater... und an LAR-ARSCH, meine Mutter... sie schossen mich ins Weltall, um mich loszuwerden... Mutter weinte, wegen der schönen Rakete, die sie nie wiedersehen sollte... Kurz danach explodierte mein Heimatplanet KRYPTON... Mutter hatte vergessen, das Gas abzustellen... Auf der Erde wurde ich dann von meinen Stiefeltern großgezogen... was sollten sie auch anders machen, ich war stärker als sie... So wurde ich zu SUPERARSCH... der meistgehasste Superheld aller Zeiten, sogar die Bullen schießen auf mich...
What the fuck..!?

Und jetzt Sie!

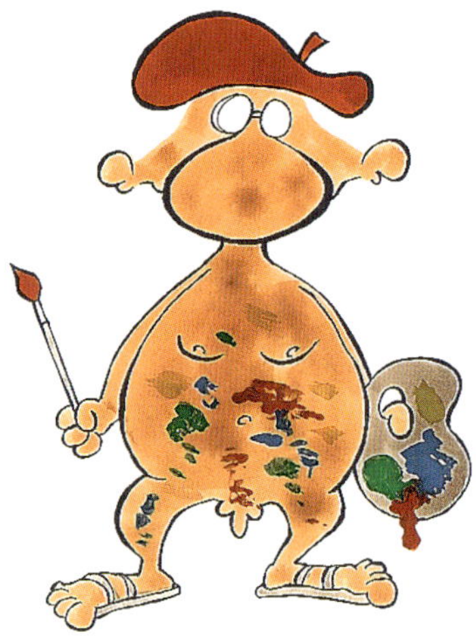

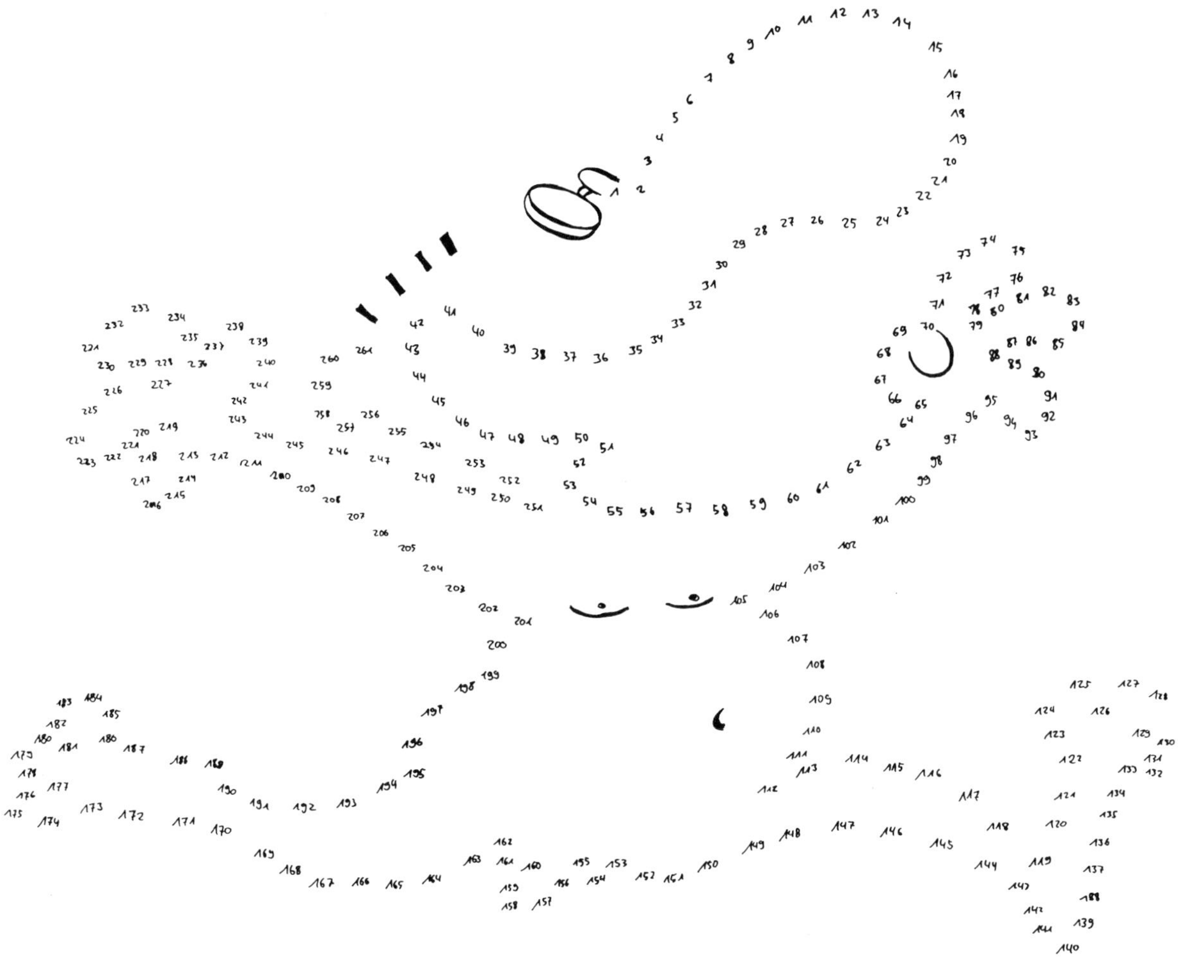

Jetzt Sie!

»Jeder Mensch ist ein Künstler«, hat Joseph Beuys einmal gesagt. Recht hat er! Und dazu brauchen Sie keine teuren Ölfarben oder Marderhaarpinsel – ein Kugelschreiber genügt. Verbinden Sie einfach die Punkte auf dem obigen Bild – und fertig ist das Kunstwerk! Tragen Sie es zur nächsten Galerie und fordern Sie eine absurde Summe dafür. Wenn der Galerist sich weigert, schlagen Sie ihn mit einem nassen Pinsel. Künstler dürfen so was.

Katalog der abgebildeten Werke

Der Arschsaurier
ca. 64 Mill. Jahre v. Chr., Ritzung in Kreide, 25 × 25 cm, Senckenbergmuseum, Frankfurt

Höhlenzeichnungen
ca. 40000 v. Chr., Holzkohle auf Fels, 60 × 40 cm, Chauvet-Höhle, Frankreich

Der Astronaut von Maui Maui
ca. 20000 v. Chr., Kreide auf Lava, 6 × 4 km, Maui, Hawaii

Der Papyrus von Moussaka
3. Jahrtausend v. Chr., Ruß und Gummi Arabicum auf Papyrus, 42 × 30 cm, Papyrussammlung Heidelberg

Griechische Fickvase
420 v. Chr., Keramik, rotfigurig bemalt, Höhe 35 cm, Privatsammlung

Der Koloss von Rhodos, anonyme Rekonstruktion, 17. Jh., lavierte Tuschzeichnung, 28 × 40 cm, Nationalmuseum Athen

Skizze der Laokoon-Gruppe, Polydoros zugeschrieben, ca. 200 v. Chr., Tusche auf Papyrus, 25 × 35 cm, Privatsammlung

Ulktekl, Scherzgott der Mayas
ca. 800 n. Chr., Eitempera auf Stein, 28 × 39 cm, Privatsammlung

Hieronymus Bosch, »De Kuitenknijper«
1506, Öl auf Leinwand, 40 × 50 cm, Museo del Prado, Madrid

Die Biebel, Kapitel »Die Fersuchung«
14. Jh., Wasserfarbe und Goldtinte auf Pergament, 23 × 32 cm, Privatsammlung

Albrecht Dürer, »Der falsch mertyrer«
1494, Holzschnitt, 28 × 38 cm, Germanisches Nationalmuseum, Nürnberg

Albrecht Dürer, »Der betende Hase«
1501, Aquarell, 40 × 31 cm, Germanisches Nationalmuseum, Nürnberg

Albrecht Dürer, »Arschlochzeychnen«
1527, Illustration für »Arschlochzeychnen – leycht gemacht, Tusche auf Papier, 36 × 18 cm, Privatsammlung

Beigefügte Zeichnung: ca. 1527, Tusche auf Papier, 15 × 15 cm, Privatsammlung

Leonardo da Vinci, Aus den geheimen Tagebüchern
1490, Feder und Tinte auf Papier, 23 × 34 cm, Privatsammlung

Das Palettenmirakel von Palermo
1394, Ölfarbe auf Holz, 24 × 35 cm, Privatsammlung

Buddha bestellt vier Pils
13. Jh., Mischtechnik auf Reispapier, 28 × 35 cm, Privatsammlung

Torii Kiyomasu, »Wie der Geishadarsteller …«
1714, farbiger Holzdruck, 20 × 26 cm, Privatsammlung

Kamasutra
18. Jh., Öl auf Leinwand, 30 × 42 cm, Privatsammlung

Siva Nataraja, Gott des Tanzes
10. Jh., lavierte Tuschezeichnung nach einer Bronzefigur aus dem Tempel von Tiruvarangulam, 29 × 39 cm, Privatsammlung

Katsushika Hokusai, »Die große Arschlochwelle«
1820, Farbholzschnitt, 29 × 39 cm, Stadtbibliothek Tokio

Der Hl. Vladimir
ca. 15. Jh., Farbe auf Holz, blattvergoldet, 24 × 30 cm, Privatsammlung

Kazimir Majalevitch, »Moskauer Stahlkocher …«
1923, Öl auf Leinwand, 58 × 69 cm, Archive des Kremls

Sowjetisches Plakat
1954, Kunstdruck, 29 × 39 cm, Privatbesitz

El Lissitzky, »Arschlochtribüne«
1925, Öl auf Leinwand, 39 × 49 cm, Privatbesitz
Margot Honecker

Rembrandt van Rijn, »Der Arsch mit dem Goldhelm«
ca. 1650, Aquarell, 12 × 17 cm, Rijksmuseum Amsterdam

Joan Miró, »Figur, die einen Stein …«
1930, Öl auf Leinwand, 49 × 38 cm, Miró Museum, Barcelona

Vincent van Gogh, »Schlafzimmer in Arles«
1888, Öl auf Leinwand, 90 × 120 cm, Van Gogh Museum, Amsterdam

A. Paul Weber, »Das Gerücht«
1943, Lithographie, 25 × 37 cm, A. Paul Weber-Museum, Ratzeburg

Henri Matisse, »Nach dem Absinthgenuss«
1910, Öl auf Leinwand, 80 × 102 cm, Museum of Modern Art, New York

Edward Hopper, Die große Eröffnung
1942, Öl auf Leinwand, 78 × 57 cm, Art Institute, Chicago

Henri de Toulouse-Lautrec, »Le Petit Connard …«
1892, Farblithographie, 49 × 69 cm, Privatbesitz

Edvard Munch, »Der Schrei«
1894, Öl auf Leinwand, 70 × 90 cm, Munch Museum, Oslo

Giorgio de Chirico, »Wenn die Sonne …«
1912, Öl auf Leinwand, 60 × 80 cm, Casa de Chirico, Rom

Pablo Picasso, »Arschloch mit Selbstportrait«
1938, Öl auf Leinwand, 38 × 48 cm, Museu Picasso, Barcelona

Pablo Picasso, »Guernica«
1937, Öl auf Leinwand, 300 × 700 cm, Museo Reina Sofia, Madrid

Pablo Picasso, »Guernica Nr. 27«
1940, Öl auf Leinwand, 27 × 30 cm, Museo Reina Sofia, Madrid

Pablo Picasso, »Faun«
1946, Tusche auf Bütten, 14 × 24 cm, Privatbesitz

Roy Lichtenstein, »Du … Du …«
1980, Öl auf Leinwand, 81 × 103 cm, Museum of Modern Art, New York

Andy Warhol, »Little Assholes in Oil«
1968, Öl auf Leinwand, 40 × 51 cm, Warhol Museum, Pittsburgh

Andy Warhol, »Little Asshole«
1981, Siebdruck, 490 × 200 cm, Privatbesitz

Allen Jones, Tisch
1969, Polyesterharz, 43 × 128 × 70 cm, Privatbesitz

Georg Baselitz, »Figur«
1975, Öl auf Leinwand, 50 × 70 cm, Privatbesitz

Jeff Koons, Cicciolina
1991, Holzskulptur bemalt, 50 × 80 × 60 cm, Privatbesitz

Keith Haring, »Strahlenarschloch«
1985, Öl auf Leinwand, 70 × 100 cm, Privatbesitz

David Hockney, »Nach der Kokain-Orgie«
1967, Öl auf Leinwand, 40 × 50 cm, Privatbesitz

Michael Bedard, »Sitting Asshole«
1981, Spritzpistole, 46 × 60 cm, Privatbesitz

M. C. Escher, Arschlochtierchen«
1932, Radierung, 27 × 34 cm, Escher-Museum, Den Haag

Tom of Finland, »Der neue Vorarbeiter«
1969, Bleistiftzeichnung, 21 × 30 cm, Privatbesitz
Ralf König

Walt Disney, »Skizze«
1927, Bleistift und Aquarell, 17 × 23 cm, Privatbesitz

Charles M. Schulz, »Little Asshole«
1959, Tuschezeichnung, 22 × 20 cm, Privatbesitz

Silver Surfer
1966, Tuschezeichnung, 17 × 26 cm, Privatbesitz

Superarsch
1938, Tusche und Eiweißlasurfarben, 17 × 26 cm, Privatbesitz

· Anzeige ·

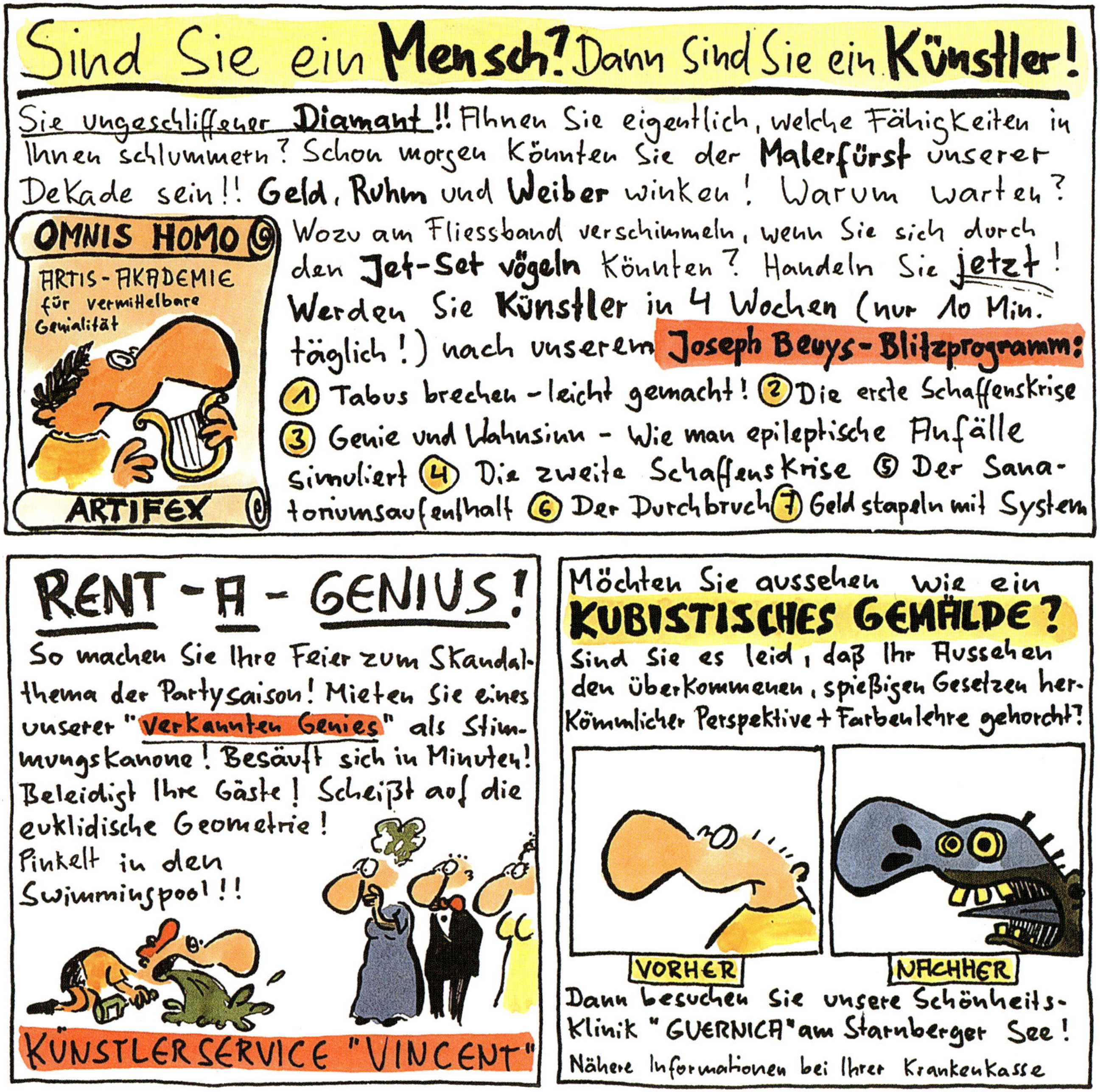

Sind Sie ein Mensch? Dann Sind Sie ein Künstler!
Sie ungeschliffener Diamant!! Ahnen Sie eigentlich, welche Fähigkeiten in Ihnen schlummern? Schon morgen könnten Sie der Malerfürst unserer Dekade sein!! Geld, Ruhm und Weiber winken! Warum warten?
OMNIS HOMO
ARTIS-AKADEMIE für vermittelbare Genialität
ARTIFEX
Wozu am Fliessband verschimmeln, wenn Sie sich durch den Jet-Set vögeln könnten? Handeln Sie jetzt! Werden Sie Künstler in 4 Wochen (nur 10 Min. täglich!) nach unserem Joseph Beuys-Blitzprogramm:
1 Tabus brechen - leicht gemacht! 2 Die erste Schaffenskrise 3 Genie und Wahnsinn - Wie man epileptische Anfälle simuliert 4 Die zweite Schaffenskrise 5 Der Sanatoriumsaufenthalt 6 Der Durchbruch 7 Geld stapeln mit System
RENT-A-GENIUS!
So machen Sie Ihre Feier zum Skandalthema der Partysaison! Mieten Sie eines unserer "Verkannten Genies" als Stimmungskanone! Besäuft sich in Minuten! Beleidigt Ihre Gäste! Scheißt auf die euklidische Geometrie! Pinkelt in den Swimmingpool!!
KÜNSTLERSERVICE "VINCENT"
Möchten Sie aussehen wie ein KUBISTISCHES GEMÄLDE?
Sind Sie es leid, daß Ihr Aussehen den überkommenen, spießigen Gesetzen herkömmlicher Perspektive + Farbenlehre gehorcht?
VORHER
NACHHER
Dann besuchen Sie unsere Schönheitsklinik "GUERNICA" am Starnberger See!
Nähere Informationen bei Ihrer Krankenkasse